그림 **박양수**

홍익대학교에서 시각 디자인을 공부하고 어린이, 청소년 책에 그림을 그리고 있습니다. 평상시에 세계 곳곳의 역사와 문화에 관심이 많고 영화 보는 걸 좋아한답니다. 그린 책으로《훈민정음 해례본 이야기》《참 반가운 철학》《하리하라의 세포 여행》《빙하, 거대한 과학의 나라》등이 있습니다.

글 **김수정**

대학에서 철학을 공부하고, 대학원에서 광고디자인을 공부했습니다. 우리나라 최초 그림책 전문 잡지 〈그림책상상〉의 편집장을 지냈습니다. 어렸을 때는 엄마를 따라, 커서는 회사 일정에 따라, 지금은 그림책을 따라 이곳저곳 여행을 다니고 있답니다. 쓴 책으로《심부름 말》《잘한다 자란다》, 엮은 책으로는《그림책 상상 그림책 여행》, 옮긴 책으로는《아빠의 브이 사인》《봄을 기다려요》《시간계단》《우적우적 먹으면 아주 맛있겠다》등이 있습니다.

40일간의 세계 도시 여행 _세계 문화가 담긴 다른 그림 찾기

ⓒ 박양수, 김수정, 2022

1판 1쇄 펴낸날 2022년 12월 25일
그림 박양수 **글** 김수정 **디자인** SizZ
펴낸이 이은영 **총괄** 이정욱 **편집·마케팅** 이지선·이정아
펴낸곳 빨간콩 **등록** 2020년 7월 9일(제25100-2020-000042호)
주소 서울시 노원구 동일로242길 87 2F **전화** 02) 933-8050
전자우편 reddot2019@naver.com **블로그** blog.naver.com/reddot2019
ISBN 979-11-91864-15-1 73900

* 신저작권법에 따라 보호를 받는 저작물이므로 무단 전재와 무단 복제, 전송, 배포를 금합니다.

세계 문화가 담긴 다른 그림 찾기

40일간의 세계 도시 여행

박양수 그림 ★ 김수정 글

차 례

| 대한민국 | 대한민국의 수도, **서울** ··· 8
| 대한민국 | 제1의 무역항, **부산** ··· 12
| 대한민국 | 세계적인 문화유산, **경주** ··· 16
| 대한민국 | 아름다운 화산섬, **제주도** ··· 20
| 일본 | 일본 문화의 중심지, **도쿄** ··· 24
| 일본 | 전통을 간직한 도시, **교토** ··· 28
| 일본 | 화산으로 형성된 지형, **구마모토** ··· 32
| 일본 | 온천과 사과의 지방, **아오모리** ··· 36
| 중국 | 환상적인 눈의 도시, **삿포로** ··· 40
| 중국 | 중국 역사의 중심지, **베이징** ··· 44

| 중국 | 쇼핑의 천국, **홍콩** ··· 48
| 티베트 | 태양의 도시, **라싸** ··· 52
| 타이완 | 타이완의 중심, **타이베이** ··· 56
| 타이 | 물과 사원의 도시, **방콕** ··· 60
| 미국 | 자유와 예술의 도시, **뉴욕** ··· 64
| 미국 | 영화 산업의 중심지, **할리우드** ··· 68
| 쿠바 | 카리브해의 진주, **아바나** ··· 72
| 페루 | 암호의 도시, **쿠스코** ··· 76
| 브라질 | 사랑과 정열의 도시, **리우데자네이루** ··· 80
| 아프리카 | 아프리카 최대 도시, **카이로** ··· 84

케냐	야생 동물의 천국, **나이로비** ··· 88
영국	신사의 도시, **런던** ··· 92
영국	이야기가 있는 도시, **에든버러** ··· 96
네덜란드	바다보다 낮은 도시, **암스테르담** ··· 100
프랑스	예술의 도시, **파리** ··· 104
스페인	예술과 자연의 조화, **바르셀로나** ··· 108
독일	유럽의 관문, **프랑크푸르트** ··· 112
독일	낭만과 동화의 도시, **퓌센** ··· 116
이탈리아	살아 있는 신화, **로마** ··· 120
이탈리아	물과 가면의 도시, **베네치아** ··· 124

체코	동유럽의 문화 중심지, **프라하** ··· 128
러시아	러시아의 심장, **모스크바** ··· 132
튀르키예	역사와 문화의 도시, **이스탄불** ··· 136
인도	영원한 사랑의 도시, **아그라** ··· 140
싱가포르	사자와 정원의 도시, **싱가포르** ··· 144
베트남	슬픈 역사의 도시, **하노이** ··· 148
필리핀	필리핀 제1의 도시, **마닐라** ··· 152
호주	아름다운 항구 도시, **시드니** ··· 156
뉴질랜드	철도·항공·해운의 도시, **오클랜드** ··· 160
남극	얼음의 땅, **남극대륙** ··· 164

다른 그림 찾기 **정답** ··· 168

대한민국의 수도, 서울

다른곳 8

1 Day
대한민국의 수도 서울

서울은 대한민국의 수도이자 정치와 경제, 문화와 역사의 중심지예요. 땅이 기름지고 긴 강줄기가 있어 일찍부터 한반도의 요충지로 자리 잡았지요. 신석기 시대부터 사람들이 거주하기 시작해 지금까지 약 2천 년의 긴 역사를 지닌 곳이랍니다. 서울은 500여 년간 백제 수도로서, 조선시대 이후로 지금까지 600여 년간 우리나라의 수도로서 대한민국의 중심지 역할을 해왔어요. 서울은 시대에 따라 '위례성, 한성, 한양, 경성' 등 여러 이름으로 불렸답니다.

읽으면서 찾아보아요!

- 조선의 궁궐, 경복궁 정문의 이름은 무엇인가요?
- 정의롭고 공정한 판단을 내린다는 상상의 동물은 무엇인가요?
- 서울을 관통하여 흐르는 대한민국의 젖줄은 무엇인가요?

서울 시민과 함께하는 서울 시청

서울특별시 중구 태평로 1가에 자리한 서울 시청은 서울특별시 25개의 구를 담당하여 서울의 시민들이 편안하고 안전하게 살 수 있도록 도와주는 행정기관이에요. 좋은 정책을 만들고 실행하여 서울 시민들이 더 나은 삶을 살 수 있도록 한답니다. 또한 재난이나 교통, 주택, 환경과 관련된 여러 가지 문제를 해결하지요. 2012년에는 부족한 업무공간을 마련하고, 세계 도시로서의 위상을 높이기 위해 구청사 뒤편으로 신청사를 지었어요.

서울 시청 앞에는 타원형 잔디로 된 서울 광장이 있어요. 서울 광장은 한국현대사의 한 획을 긋는 역사적 사건의 무대였으며, 2002년 월드컵 기간에는 시민들의 축제의 마당이었지요. 지금도 나라에 기쁜 일이 있거나 슬픈 일이 있을 때마다 시민들은 서울 광장에 모여 목소리를 낸답니다.

조선의 으뜸 궁궐, 경복궁

경복궁은 조선 왕조 제일의 궁궐이에요. 북으로 북악산을 기대어 자리 잡았고 정문인 광화문 앞으로는 넓은 육조거리(지금의 세종로)가 펼쳐져 있었지요. 1395년 태조 이성계가 창건하였고, 1592년 임진왜란으로 불타 없어졌다가, 고종 때인 1867년 흥선대원군의 주도로 다시 지어졌어요.

널리 보여 주는 문, 광화문

광화문은 경복궁의 정문을 말해요. 1395년 처음 세워져 '사정문'이라고 불리다가 1425년 세종대왕 시절에 집현전에서 이름을 광화문으로 바꾸었지요. '나라의 위엄과 문화를 널리 보여 주는 문'이라는 뜻으로 왕의 권위를 백성들에게 보여 주는 상징이었답니다.

임진왜란으로 경복궁과 함께 불타 없어졌다가 고종 때 다시 세웠지만, 일제 시대 때 강제로 다른 곳

으로 옮겨졌어요. 하지만 그나마도 6·25 전쟁 때 또다시 파괴되고 말았어요. 지금의 광화문은 1969년에 다시 세워졌어요. 광화문은 궁궐의 정문이지만, 서울의 중심지라는 상징적인 의미도 있어요. 경복궁은 물론 청와대와 광화문 광장이 있고, 광화문 앞쪽에 정부서울청사가 위치해 있기 때문이에요.

전설의 재판관, 해치

광화문 좌우의 높은 대 위에 앉아 있는 해치는 모든 일에 정의롭고 공정한 판단을 내렸다고 전해지는, 대표적인 상상의 동물이에요. 특히 화재나 재앙을 막아 주고 행복을 가져다준다고 알려져 있지요. '해태'라고 부르기도 합니다.

대한민국의 젖줄, 한강

한강은 우리나라 역사에서 매우 중요한 역할을 해온 강이에요. 태백산맥에서 시작하여 강원도·충청북도·경기도·서울특별시를 동서로 흘러 황해로 흘러 들어가지요. '아리수', '한수' 등의 이름으로 불리며 남한에서 강수량이 가장 많은 강이에요. 한반도의 한복판을 흐르는 한강 덕분에 중부 지방은 기름진 평야에서 많은 것을 얻을 수 있었어요. 그래서 한강을 '대한민국의 젖줄'이라고 부르기도 한답니다. 지금은 한강을 중심으로 많은 시민 공원이 조성되어 있고, 다양한 축제가 벌어지기도 해요.

서울특별시청사의 역사

서울 시청의 옛 건물인 구 서울특별시청사(구청사)는 일제강점기인 1926년 경성부 청사로 건축되어 사용되다가 광복 이후에 서울특별시 청사로 사용된 건물이에요. 역사주의 건축 양식에서 근대주의 건축으로 이행되는 과도기적 성격을 보여 주지요. 서울시의 인구가 많아지고, 그에 따라 처리해야 할 서울시 업무도 늘어나면서 여러 차례 증축과 개수와 보수 작업이 이루어졌지만, 결국 새로운 청사를 짓게 되었어요. 신청사는 2008년부터 2012년까지의 공사 기간을 거쳐 완공되었어요. 신청사에는 서울도서관과 전시관, 역사관을 갖춘 시민 문화 공간도 포함하고 있어요.

제1의 무역항, 부산

다른곳 8

제1의 무역항 부산

2 Day

부산은 우리나라 제1의 무역항이에요. 바다를 접하고 있는 지리적인 장점 덕분에 일찍이 여러 나라와 연결되는 관문의 역할을 해 왔어요. 항만이 발달하면서 점차 무역과 상공업의 중심지로 성장했답니다. 이런 국제적인 도시 부산에 매년 10월이면 전 세계 사람들이 찾아와요. 바로 동북아시아 영화인들의 축제 '부산국제영화제' 때문이지요.

읽으면서 찾아보아요!

- 스타들의 손도장이 있는 곳은 어디인가요?
- 일제에 의해 부산항이 개방된 연도는 언제인가요?
- '해운대'란 이름은 어디에서 유래되었나요?

동북아시아 영화인의 거리, 비프 거리

동북아시아 영화인들이 축제의 장을 여는 '부산국제영화제(Busan International Film Festival)'를 줄여서 비프(BIFF)라고 해요. 부산을 찾은 전 세계 영화팬들은 영화제가 열리는 기간을 '비프 기간'이라 하고, 영화제가 열리는 곳을 '비프 거리'라고 부른답니다. 영화제가 열리는 기간에는 예술성이 높은 영화부터 실험적인 영화까지, 평소에는 쉽게 보기 어려웠던 희귀한 영화들을 다양하게 상영해요. 이 거리는 평소에도 부산의 젊은이들이 모이는 활기찬 곳이지만 영화제가 열리는 기간에는 발 디딜 틈이 없답니다. 여러 영화인의 손도장이 새겨져 있는 비프 광장도 많은 사랑을 받고 있지요.

부산의 새, 갈매기

갈매기는 바닷가 절벽에 둥지를 틀고 사는 새랍니다. 여러 마리가 함께 무리를 이루며 살아요. 하지만 갈매기라고 해서 모든 바닷가에 서식할 수 있는 것은 아니에요. 기온과 바람의 세기 등이 알맞아야 살 수 있는데, 제주도에서는 바람이 너무 세서 갈매기가 살기 어렵다고 해요. 부산시는 1978년에 갈매기를 부산의 상징으로 지정했어요. 겨울 바다 위에 떼 지어 나는 갈매기 무리의 모습이 아름답기도 하고, 새하얀 날개와 몸이 백의민족(白衣民族)인 우리 민족을 상징하는 듯했기 때문이랍니다. 하지만 무엇보다도 멀고 험한 뱃길을 따라 끈기 있게 하늘을 나는 갈매기의 강인함을 높이 샀기 때문이라고 합니다.

부산 서민들의 생활 터전, 자갈치 시장

부산시 중구 남포동에 자리 잡은 자갈치 시장은 부산의 성격을 가장 잘 보여 주는 부산 서민들의 대표적인 생활 터전입니다. 국내 수산물의 30~50%를 공급하고 세계 여러 나라에 수출도 하는 세계적인 수산물

시장이에요. 자갈치 시장이 대표적인 수산물 시장이 된 것은 1896년, 일제가 강제로 항구를 개방하면서부터랍니다. 그러면 왜 자갈치란 이름이 붙었을까요? 예전에 이곳은 자갈이 아주 많았고, 갓 잡은 활어를 취급하던 시장이어서 물고기를 말하는 '치'를 붙여 자갈치가 되었다는 이야기가 전해집니다.

부산의 절경, 해운대

해운대는 태종대·몰운대·신선대·오륜대·의상대·겸효대·강선대와 함께 부산팔경에 속할 정도로 경치가 매우 아름다운 곳이에요. 매년 여름만 되면 몇 명이 해운대를 다녀왔는지 숫자로 통계를 낼 정도로 유명한 관광지랍니다.

신라의 학자이며 문인이었던 최치원이 어지러운 세상을 떠나 수행하기 위해 해인사로 가던 중 우연히 이곳에 들렀는데, 주변의 경치가 너무 아름다워 바위에 자신의 호를 따 '해운대'라고 새겼답니다. 여기에서 지금의 지명이 유래하였어요. 약 1,100년 전에 붙인 이름이라니, 정말 놀랍죠? 온천과 해수욕으로도 유명해서 신라의 진성여왕은 나랏일도 미뤄둔 채 이곳을 찾곤 하였답니다. 해운대는 지금도 부산 시민들과 관광객들이 여전히 즐겨 찾는 최고의 관광지 중 하나예요. 특히 부산의 몽마르트라고도 불리는 해운대의 '달맞이길'은 해운대를 대표하는 명소입니다.

부산국제시장

부산에는 또 하나의 대표적인 시장이 있는데, 바로 부산국제시장이에요. 광복과 더불어 귀환 동포들이 생활근거지로 모여들어 터를 잡고 노점을 차림으로써 시장이 형성되었어요. 6·25 전쟁 중에도 부산으로 몰려든 피난민들로 북적거렸고, 그 이후에도 여전히 귀환 동포와 피난민들의 중요한 생활 터전이 되었답니다. 또한 미군의 구호품과 군용 물품 등이 유통되면서 유통의 중심지 역할을 수행하기도 했어요. 1968년 이후에 현대화 작업이 진행되면서 부산국제시장은 일반 재래시장으로 다시 태어났어요. 2008년에는 인근 시장들과 연합하여 국제 마켓 타운을 결성했지요. 부산국제시장은 한국 근대사에서 빼놓을 수 없는 중요한 장소랍니다.

세계적인 문화유산, 경주
다른 곳 8

3 Day
세계적인 문화유산 경주

기원전 57년 박혁거세가 세운 신라. 신라의 수도였던 경주는 신라의 천 년 역사가 고스란히 담겨 있는, 살아 있는 도시 박물관이에요. 신라 시대 초기부터 통일 이후까지 신라의 역사를 보여 주는 유적과 유물로 가득하답니다. 경주의 유적지 중 불국사와 석굴암은 신라의 예술과 문화를 한눈에 보여 주는 걸작으로 유네스코 세계 문화유산에 지정되었어요. 경주의 신라 문화 유적 지구도 유네스코 세계 문화유산에 등록되었답니다.

읽으면서 찾아보아요

☐ 불국사와 석굴암을 만든 사람은 누구인가요?

☐ 불국사 대웅전 앞에 있는 두 개의 탑은 무엇인가요?

효심과 애국심으로 지은 불국사

1995년 유네스코 세계문화유산으로 지정된 불국사는 신라의 대표적인 절이에요. 《삼국유사》에 따르면 통일신라 경덕왕 751년에 대신이었던 김대성이 부모를 위해 짓기 시작했다고 해요. 당시 불국사는 80채의 건물이 있었다고 전해지지만, 1592년 임진왜란을 거치면서 몇몇 석조물을 제외하고 전부 불에 타 버렸어요. 그 후 여러 번 고쳐서 지었고, 1970~1973년에 무설전, 관음전, 비로전, 회랑 등을 원래대로 다시 지어 지금의 불국사가 되었답니다. 신라인들이 꿈꾸던 불교의 나라를 표현한 '대웅전'은 석가의 속세를, '극락전'은 아미타불의 천상의 세계를, '비로전'은 비로자나불의 깨달음의 세계를 표현했어요. 대웅전 앞에는 국보로 지정된 석가탑과 다보탑이 나란히 서 있어요. 서쪽에 있는 석가탑은 높이 8.2m의 화강암 삼층석탑, 동쪽에 있는 다보탑은 높이 10.29m의 화강암 석탑이에요. 또 불국사에는 청운교, 백운교, 연화교, 칠보교 등 4개의 아름다운 돌계단이 있답니다.

신라 석조 건축의 진수, 석굴암

김대성은 불국사를 세우던 해에 석굴암도 지었어요. 석굴암은 화강암을 굴 모양으로 쌓아 올려 만든 인공 석굴로, 전 세계에서 찾아보기 힘들 만큼 귀하답니다. 불공을 드리는 자리에서 모든 조각의 비례가 맞아 보이도록 만들었고, 공기나 물이 자연스럽게 빠져나갈 수 있게 되어 있는, 신라 시대의 뛰어난 과학 기술을 보여주는 문화 유적이에요. 3.26m의 본존불상을 중심으로 불교의 보살, 천부, 제자들이 한 폭의 그림을 보듯이 부드럽고 화려하게 조각되어 있어요. 하지만 일제 강점기 때 일본 학자들이 완전히 분해했다가 잘못 조립한 데다가 시멘트를 쓰는 바람에 습기가 차서 지금은 유리로 보호하고 있답니다.

꽃처럼 아름다운 남성, 화랑

신라 시대에 있었던 청소년들의 모임을 화랑이라고 해요. 주로 귀족의 자제들 중에서 문벌과 학식이 있고 외모가 단정한 사람을 뽑아 단체 생활을 하도록 했어요. 화랑은 말타기, 활쏘기, 무예를 훈련하고 유학 경전을 공부해서 몸과 마음을 모두 단련시켰죠. 이렇게 조직된 화랑은 약한 자를 돕고, 사회질서를 확립하는 데 힘썼어요. 화랑은 원광법사의 세속오계의 규율을 지키며 국가에 봉사하는 단체였답니다.

● 신라의 대표적인 악기, 가야금

가야금은 우리나라의 대표적인 12줄 현악기입니다. 《삼국사기》에 따르면 가야국의 가실왕이 당나라의 악기를 보고 만들었다고 해요. 562년 신라 진흥왕 때 가야국이 망하자 가야금 연주에 뛰어난 우륵이 신라로 건너와 만덕, 계고, 법지라는 제자들에게 가야금 타는 법을 알려 주었어요. 그 뒤 가야금은 신라의 음악에서 빠질 수 없는 악기가 되었답니다.

● 3대째 경주의 명물, 황남빵

경주의 유명한 먹거리인 황남빵은 1939년 경주시 황남동에서 처음 만들었다고 해서 붙여진 이름입니다. 황남빵은 보통 빵과 비슷하게 생겼지만, 속에 들어가는 팥앙금을 만드는 방법은 3대째 내려오는 일급비밀이래요.

천 년 전, 신라 사회는 어땠을까?

신라는 왕족과 귀족, 평민, 노비 등 사회 계층이 구분된 신분 사회였어요. 신라는 골품제로 귀족의 등급을 나누었는데, 왕족인 '성골'과 귀족의 자손인 '진골', 나머지 신분은 6두품으로 나누었지요. 두 명의 여왕이 왕위에 오를 수 있던 것도 바로 이 엄격한 골품제 때문이었어요. 성골은 진덕여왕 대에 끊어지고, 태종 무열왕 김춘추는 처음으로 진골 출신으로 왕위에 올랐답니다.

또 신라는 화백 제도를 두어 중요한 나랏일을 결정할 때 담당 무관, 문관들이 만장일치로 결정하도록 했어요. 화백 제도는 왕과 귀족 세력 사이의 권력을 조절하는 기능을 했지요.

신라는 불교를 종교로 받아들였지만, 나라를 다스리는 이념으로는 유교를 선택했어요. 그래서 유학이 발달했어요. 신라 시대에는 무역도 활발했답니다. 일본, 발해, 그리고 아라비아의 상인과도 교역을 했어요.

아름다운 화산섬, 제주도

다른곳 7

4 Day
아름다운 화산섬 제주도

제주도는 우리나라에서 가장 큰 화산섬이에요. 지리적으로 극동 지역의 가운데에 자리하고 있어서 러시아, 중국, 일본, 동남아시아를 연결하는 해양 교통의 요충지이기도 해요. 아름다운 자연환경과 절경은 물론 여러가지 고유 유물들이 많아서 아시아의 대표적인 관광지로 사랑받고 있답니다.

읽으면서 찾아보아요

- 한라산이 거느린 370여 개의 기생화산을 제주도에서는 무엇이라고 부르나요?
- 돌하르방을 만드는 구멍이 숭숭 뚫린 돌의 이름은 무엇인가요?
- 몸집이 작은 제주마를 부르는 또 다른 이름은 무엇인가요?

은하수를 잡을 수 있는 한라산

높이 1,950m의 화산인 한라산은 정상에 서면 은하수를 잡아당길 수도 있을 만큼 높다는 뜻에서 붙여진 이름이에요. 한라산의 정상에는 지름이 약 500m에 이르는 거대한 화구호인 백록담이 있어요. 신생대 제3·4기의 화산 작용으로 생긴 분화구에 물이 고여 형성되었지요. 한라산에는 높이에 따라 아열대 식물부터 냉대 식물에 이르기까지 1,800여 종의 고산 식물이 자생하고 있답니다. 오래 전부터 한라산이 휴화산인 줄 알았다가 2014년 지하에 마그마를 품고 있는 활화산이라고 정정했어요.

 한라산의 기생화산, 오름

한라산은 370여 개의 기생화산을 거느리고 있어요. '기생화산'이란 큰 화산의 옆 쪽에 붙어서 생긴 작은 화산을 말하는데, '오름'이라고도 불러요. 오름은 산봉우리를 뜻하는 제주도 사투리랍니다. 오름은 제주도 사람들의 생활 터전이며, 야생 동물이나 식물에게 서식처를 제공하는 중요한 자연 자원이에요.

이웃집 할아버지 같은 돌하르방

돌하르방은 제주도 사투리로 '돌 할아버지'라는 뜻이에요. 돌하르방은 지역을 구분 지어 주기도 하고, 그 지역의 수호신 역할도 해요. 마을이나 절 입구, 길가에 세우는 장승과 비슷하지요. 제주도는 화산섬이기 때문에 마그마가 급격히 식어서 굳어진 현무암(화산암)이 참 많아요. 돌하르방은 바로 이 구멍이 숭숭 뚫려 있는 검은색 돌을 깎아서 만든답니다.

 제주의 어머니, 해녀

해녀는 바닷속에 들어가 해삼, 전복, 미역 등의 해산물을 채취하는 여자 어부예요. 해녀의 역사는 언제부터인지 모를 정도로 굉장히 오래되었답니다.

제주도의 여자들은 어려서부터 생계를 책임져야 했기 때문에 7~8세부터 헤엄치는 연습을 시작하여 15~16세가 되면 해녀 일을 했어요. 해녀들은 잠수복을 입고 망사리(그물 주머니), 태왁(망사리에 달린 뒤웅박), 빗창(무쇠칼), 호미(낫), 소살(작살) 등의 장비를 이용해 해산물을 채취하지요.

제주를 덮는 봄 이불, 유채꽃

매년 4월 중순이면 제주도에서는 노란 유채꽃 축제가 열린답니다. 제주도에는 유채꽃이 왜 그렇게 많은 걸까요? 제주도는 유난히 바람이 많이 불어 농사를 짓기 어려워요. 유채는 그런 기상 조건에서도 잘 자라고, 꽃씨에서는 기름도 짤 수 있어 유용한 작물이에요. 그래서 1962년에 대량으로 심은 것이 오늘에 이른 것이라고 해요. 지금은 끝없이 피어 있는 이 노란 꽃밭을 보러 세계 각지에서 찾아온답니다.

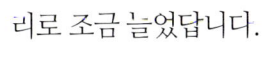
작고 귀한 말, 제주마

제주도에서는 석기시대부터 말을 길렀다고 해요. 고려 시대에는 왕에게 말을 바치고, 원나라에서 몽골의 말을 보내 목장을 만들었다고 하니, 아주 오래전부터 제주도가 말을 키우기에 최적의 장소였음을 알 수 있지요. 제주마는 과일나무 밑을 지날 수 있을 만큼 몸집이 작아서 '과하마(果下馬)'라고 불리기도 했어요. 앞이 낮고 뒤가 높아 수레를 끄는 데 알맞은 체형이라 농사에 이용했지요. 한때는 2만 마리 정도가 있었는데, 1986년 천연기념물 347호로 지정될 때는 1천 마리도 안 되었어요. 다행히 지금은 그 수가 약 5천 마리로 조금 늘었답니다.

통역이 필요한 제주도

제주도는 한라산 북녘 기슭의 모흥혈이라 부르는 구멍에서 3명의 신인(삼신인)이 솟아나면서 사람이 살기 시작했다는 기원설을 가지고 있어요. 삼국시대 전까지는 독립국으로 존재했는데, 삼국시대에 신라의 속국이 되면서 '탐라'라는 국호를 받았답니다. 고려 때부터는 탐라 국왕 제도를 없애고 나라에서 관리를 보내 다스렸어요. 탐라는 조선 태종 때 '제주도'로 개명되었어요.
제주도는 육지와 떨어져 있어서 문화적인 차이도 있답니다. 그래서일까요? 제주 사투리는 꼭 외국어 같아요. 옛날에는 제주도 사람과 말이 통하지 않아 통역이 필요했을 정도랍니다.

일본 문화의 중심지, 도쿄
다른 곳 8

5 Day
일본 문화의 중심지 도쿄

일본의 수도인 도쿄(東京)는 동쪽의 수도라는 의미예요. 도쿄의 옛 이름은 '에도'였어요. 도쿄가 역사에 자주 등장하기 시작한 건 1590년 도요토미 히데요시가 이 지역을 점령하고, 도쿠가와 이에야스가 이곳을 개척하기 시작했을 때였어요. 그 후 정권을 잡은 도쿠가와 이에야스의 막부 정치가 시작되면서 에도는 정치, 경제의 중심지가 되었지요. 1868년에 지금의 도쿄라는 이름이 정해지고, 1869년 천왕이 도쿄로 오면서 진정한 일본의 수도가 되었어요.

읽으면서 찾아보아요
- [ ] 일본의 나라꽃은 무엇인가요?
- [ ] 마네키네코가 왼쪽 앞발을 들고 있는 것은 무슨 의미인가요?

도쿄 문화의 중심지, 우에노

우에노는 도쿄의 '동북쪽 현관'이라는 별명을 가진 교통의 중심지로, 동북쪽 지방에서 도쿄로 오는 열차들이 정차하는 곳이랍니다. 또 일본의 문화와 학술의 중심지이기도 하지요. 공원 인근에는 국립서양미술관, 도쿄국립박물관, 도쿄문화회관, 국립과학박물관과 일본의 명문 국립대학인 도쿄대학이 모여 있어요. 또 이곳에는 벚꽃 축제로 유명한 우에노 공원이 있어요. 이 공원에서는 매년 4월이 되면 1,000그루가 넘는 벚나무에서 일제히 꽃이 피어 장관을 이룬답니다. 도쿄 시민들은 이때를 손꼽아 기다렸다가 꽃놀이를 즐기지요.

일본의 전통 연극, 가부키

가부키는 일본의 인기 있는 전통 연극이에요. 화려한 무대 의상과 분장, 절제되면서도 과장된 연기가 특징인데, 중국의 경극만큼이나 유명하지요. 처음에는 춤만 추는 공연이었다가 나중에 이야기가 덧붙으면서 연극이 되었어요. 원래는 여자들도

출연해 노래도 하고 춤도 추었는데, 풍기 문란 사건이 끊이지 않아 남자들만 공연하도록 했대요. 그래서 옷으로 극 중의 여자와 남자를 구별해야 해요. 또 착한 사람은 하얗게, 나쁜 사람은 푸른색으로, 활달한 사람은 붉은색으로, 보통 사람은 살구색으로 분장하여 등장인물의 성격을 표현한답니다.

복을 주는 고양이, 마네키네코

일본의 거리를 다니다 보면 사람보다 더 큰 것부터 엄지손가락만 한 크기까지 여러 종류의 고양이 인형들을 만날 수 있어요. 이들은 오른쪽이나 왼쪽의 앞발을 들고 있는데, 이 인형을 '마네키네코'라고 불러요. '마네키'는 '부르다, 초대하다'라는 뜻이고, '네코'는 '고양이'란 뜻이

에요. 일본 사람들은 마네키네코가 복을 가져다 준다고 생각해요. 고양이는 날씨가 변하거나 낯선 사람이 가까이 오면 앞발을 들어 얼굴을 닦는다고 합니다. 그러니 만일 손님이 많은 가게에 있는 고양이라면 온종일 얼굴을 닦고 있겠죠? 오른쪽 앞발을 들고 있는 고양이는 돈과 행운을, 왼쪽 앞발을 들고 있는 고양이는 손님을 반긴다는 의미가 담겨 있답니다.

판다가 상징인 우에노 동물원

우에노 공원에는 일본에서 가장 오래된 동물원인 우에노 동물원이 있어요. 1882년에 설립되었는데, 제2차 세계대전 중에 크게 파손되었다가 10년 만에 전쟁 전의 모습으로 재건되었답니다. 이곳에는 제2차 세계 대전 때 죽은 동물들의 영혼을 위로하는 '동물 위령탑'도 있어요. 동물원에는 중국으로부터 선물 받은 판다가 있는데, 많은 일본인에게 사랑받고 있답니다.

 신비한 능력을 지녔던 닌자

'닌자'는 전문적인 스파이를 뜻하는 말로, '시노비'라고도 해요. 닌자는 12세기부터 활동한 것으로 알려져 있는데, 단순한 정찰 임무부터 적장을 암살하거나 거짓 정보를 흘려 사람들을 혼란에 빠뜨리는 일 등을 맡았답니다. 전설에 따르면 이들은 신비한 능력을 발휘했다고 하는데, 한 번도 쉬지 않고 80km를 달린다거나, 멀리서도 바늘이 떨어지는 소리를 들을 수 있었다고 해요.

벚꽃 축제, 하나미

우에노 공원은 4월이 되면 '하나미'라는 벚꽃 축제가 열린답니다. 하나미는 '꽃구경', '꽃놀이'라는 뜻이에요. 우에노 공원의 벚꽃 축제는 오랜 역사를 가지고 있어요. 도쿠가와 이에미쓰가 요시노에서 우에노로 벚나무를 옮겨 심었는데, 그것을 1698년 도쿠가와 쓰나요시가 일반 시민에게 공개하면서 벚꽃 축제가 시작되었다고 해요. 그 후 도쿠가와 요시무네 때는 더 많은 벚나무를 심어 지금은 1,000그루 이상의 벚나무가 우에노 공원에 있게 된 거예요. 이렇게 벚꽃을 좋아하는 걸 보면 일본의 국화가 벚꽃인 것도 우연은 아니겠지요? 일본 사람들은 벚꽃 축제가 열리면 꽃나무가 잘 보이는 자리를 잡으려고 밤을 새우기도 해요. 꽃나무 아래 모여 차를 마시기도 하고 장기 자랑 같은 것도 하면서 말이에요.

전통을 간직한 도시, 교토

다른곳 ❽

6 Day
전통을 간직한 도시 교토

일본의 긴키 지방에 있는 교토는 794년부터 1868년까지 약 1,100년 동안 일본의 수도였어요. 수많은 유적을 품고 있어 살아 있는 일본 역사의 현장이라고 할 수 있지요. 교토에는 2,000여 개의 궁과 절, 신사, 정원 등이 고스란히 남아 있답니다. 그래서 제2차 세계 대전 때에도 그 문화적 가치 때문에 폭격하지 않았다고 해요.

읽으면서 찾아보아요

- 금박을 입힌 3층 누각이 있는 교토의 사찰 이름은 무엇인가요?
- 일본 최초의 무사정권은 무엇인가요?
- 막부의 우두머리를 가리키는 칭호는 무엇인가요?

교토의 명물, 금각사

금각사는 원래 600여 년 전 아시카가 요시미쓰라는 장군의 별장이었어요. 그가 죽자 유언대로 '로쿠온사'라는 사찰이 지어졌는데, 그 사찰이 바로 지금의 금각사랍니다. 금각사란 이름은 겉에 금박을 입힌 3층 누각 때문에 붙여진 이름이에요. 이 누각은 10년에 걸쳐 지었기 때문에 층별로 건축 양식이 조금씩 달라졌대요. 하지만 1950년 방화로 완전히 타 버렸다가 1955년에 다시 옛 모습 그대로 세워졌어요. 교토 사람들은 매년 이 금각사의 금칠을 보존하기 위해 금칠 비용을 세금으로 낸다고 해요. 금각사에 대한 교토 사람들의 사랑이 대단하지요?

일본의 아름다운 전통 의상, 기모노

기모노는 우리나라의 한복과 같은 일본의 전통 의상이랍니다. 일본이 국가의 형태를 갖춘 나라 시대(710~794)에는 겨드랑이 부분만을 꿰맨 간단한 옷을 입었는데, 무로마치 시대(1336~1573)에 이르러 지금과 비슷한 모양으로 바뀌었다고 해요. 당시에는 '고소데'라는 소매가 좁은 옷이었지요. 17~18세기에 이 고소데의 허리 부분에 '오비'라는 넓은 대님을 두르면서 지금의 기모노가 된 것이랍니다. 기모노는 옷감, 염색, 무늬 등의 조화에 따라 종류가 달라지는데, 옷 전체가 한 폭의 그림으로 된 경우가 많아요. 기모노를 입은 사람이 움직이면 마치 그림이 살아 움직이는 것처럼 보이도록 자연미를 살린 것이랍니다.

결혼도 하고 직업도 가질 수 있는 스님

일본의 불교는 538년에 백제가 불상과 경전을 쇼토쿠 태자에게 전하면서 유래되었어요. 우리나라와 부처는 같은데, 스님은 좀 다르답니다. 일본 스님들은

결혼도 하고 아이도 낳아요. 직업을 갖고 돈을 벌기도 하지요. 처음 결혼을 한 스님은 13세기의 '신란'이라는 스님이에요. 그는 그 당시 결혼을 할까 말까 고민하다가 인간으로서 자연의 이치에 따라야 한다는 '정토진종'이란 불교의 종파를 만들면서 결혼을 하게 되었답니다.

일본의 무사 계급, 사무라이

'사무라이'는 봉건 시대에 귀족을 경호하던 무사 계급이었어요. 양민들보다 높은 신분으로서 칼을 차고 다닐 권리가 있는 특권계급이었지요. 1192년 미나모토노 요리토모 상군이 가마쿠라에 막부를 설치하고 천황과 귀족을 대신하여 일본을 통치하면서 사무라이의 격은 조금 더 높아졌답니다. 가마쿠라 막부는 일본 최초의 무사정권으로 약 150년간 일본을 통치했어요. 이후에도 사무라이는 1867년 에도 막부 시대까지 상급 무사로서 권력을 누렸답니다.

일본 열도를 호령하던 쇼군

'쇼군'은 일본의 역대 무신정권인 막부의 우두머리를 가리키는 칭호입니다. 원래 정식 명칭은 '세이이타이쇼군'이에요. 가마쿠라 막부를 세운 미나모토 요리토모 장군도 '세이이타이쇼군'이라는 호칭을 사용했어요. 쇼군은 정치와 군사에 대한 전권을 가진 최고의 실력자였지요. 임진왜란을 일으킨 도요토미 히데요시도 쇼군이었어요.

일본의 왕, 천황

지금의 일본 왕은 영국의 왕처럼 정치나 국가의 일은 하지 않는 상징적인 존재랍니다. 7세기경 야마토 정권 이래 일본의 왕은 혈통이 한 번도 바뀐 적이 없어요. 지금의 왕도 1,500년 전의 천황의 혈통을 이어받았지요.

1868년 일본의 수도가 도쿄로 옮겨가기 전까지 수많은 천황이 교토에서 살았습니다. 물론 쇼군이 왕을 대신하여 나라를 다스린 1192년 이후에는 실권이 없었지만, 일본의 전통과 종교를 대표하는 신적인 존재로서 국민에게 변함없는 숭배를 받았어요. 하지만 제2차 세계 대전에서 패전국이 된 후인 1946년, 쇼와 천황은 '인간선언'을 했어요. 천황이 '신'이 아님을 공개적으로 선언한 거예요.

화산으로 형성된 지형, 구마모토 — 다른 곳 8

7 Day
화산으로 형성된 지형 구마모토

구마모토는 일본 규슈 지방의 가운데에 있는 도시예요. 1,400여 개의 크고 작은 섬들로 이루어진 규슈에서 세 번째로 큰 도시죠. 규슈 육상교통의 십자로에 해당하여 철도의 분기점을 이루어 오래전부터 교통의 중심지였답니다. 삼국 시대부터 백제 문화에 영향을 받았고, 임진왜란에 앞장섰던 장수 가토 기요마사가 살았던 곳이기도 해요.

읽으면서 찾아보아요

- 화산 분화구에서 마그마가 분출한 후 주변이 무너지면서 만들어진 지형을 무엇이라고 부르나요?
- 구마모토에 사는 조선 건축 기술자 후손들의 성씨는 무엇인가요?

구마모토시의 상징, 구마모토성

구마모토시의 상징인 구마모토성은 오사카성, 나고야성과 함께 일본의 3대 성 중 하나예요. 임진왜란의 수장이었던 가토 기요마사가 이곳의 영주가 되면서 1601~1607년에 쌓은 성이지요. 가토 기요마사는 임진왜란 때 벌어졌던 울산성 전투에 참여했다가 크게 패한 적이 있어요. 구마모토성은 그때의 뼈아픈 경험을 바탕으로 쌓은 성이에요. 이 성에는 '무샤가에시'라는 2중 성벽을 쌓아 적병이 쉽게 오르지 못하도록 했고, 식수가 부족한 것을 대비하기 위해 성내에 우물을 120개나 만들었어요. 또 은행나무도 곳곳에 심어 비상식량으로 활용할 수 있도록 했지요. 하지만 구마모토성은 2016년 규슈를 강타한 강진으로 무너져버렸어요. 현재는 완전하게 다시 복원하는 작업을 진행중이랍니다.

히데요시의 용장, 가토 기요마사

임진왜란 때 조선인들을 잔혹하게 죽여서 '악귀 기요마사'로 알려진 가토 기요마사는 1562년에 태어나 1611년에 생을 마친 일본의 무장입니다. 그는 일본을 통일했던 도요토미 히데요시를 어려서부터 섬긴 신하였어요. 시즈가타케 전투에서 활약하여 '시즈가타케의 칠본창(7명의 호위 무사)'이라는 별명을 얻었어요.

그는 임진왜란 때 많은 전쟁에서 승리를 거두긴 했지만, 결국 조선과 명나라 연합군에 몰려 1597년 울산 서생포에서 겨우 탈출했어요. 일본으로 돌아가자마자 또다시 전쟁터에 나가게 된 가토는 고시니 유키나가와 치열한 전투 끝에 승리하여 규슈 지방에서 확실한 권력을 잡았지요. 조선에서 호랑이를 사냥했다 하여 '호랑이 가토'라고 불리기도 했답니다.

세계 최대의 칼데라가 있는 아소산

아소산은 3천만 년 전부터 지금까지 크고 작은 폭발을 일으키고 있는 활화산이에요. 아소산에는 동서로 16km, 남북으로 27km나 되는 세계 최대급 칼데라가 있답니다. 지하의 마그마가 용암이나 화산가스 등을 통해 지표면으로 분출하는 출구를 '분화구'라고 하지요. '칼데라'는 화산의 분화구에서 마그마가 분출된 후 주변이 무너지면서 움푹 패여 만들어진 분지를 말해요. 아소산은 세계 최초로 케이블카를 만들어 활화산을 관광할 수 있도록 한 곳이기도 합니다.

규슈의 정원, 스이젠지 공원

스이젠지 공원은 1632년, 그 당시 영주였던 호소카와 다다토시 때부터 시작하여 3대에 걸쳐 만든 공원이에요. 약 73,000㎡의 넓은 면적을 자랑하는 대표적인 일본식 정원이랍니다. 공원 안에는 일본에서 가장 높은 후지산을 그대로 축소해 만든 언덕과 아소산에서 흘러들어온 지하수를 가득 채운 큰 연못이 있어 관광객들의 눈길을 끌고 있어요.

구마모토성을 만든 사람은 조선인!

임진왜란이 일어나고 1년 후인 1593년, 가토 기요마사는 조선과 명나라 연합군을 피해 울산과 서생포에 성을 쌓고 4년 동안 저항했어요. 하지만 시간이 갈수록 식량과 물이 떨어져서 오줌이나 말의 피로 목을 축이고 흙을 끓여 먹어야 할 정도에 이르렀어요. 결국 그는 성을 포기하고 탈출할 수밖에 없었지요. 그는 탈출하며 울산과 서생포에 성을 세웠던 조선의 건축 기술자를 데려가 버렸답니다. 가토는 일본으로 돌아가 1601년부터 구마모토성을 짓기 시작했는데, 끔찍했던 기억 때문인지 전쟁에서 오래 버틸 수 있는 단단한 성을 지었어요. 실제로 1877년 적의 공격을 받아 55일 동안 치열한 전투를 치렀지만, 적은 끝내 성안으로 들어갈 수 없었다고 해요. 하지만 그해 원인 모를 화재로 성은 전부 타버렸고, 1960년 그중 일부가 다시 세워졌어요.

구마모토성의 처마 끝 기와나 성벽의 윗부분은 조선인들의 작품이라고 해요. 임진왜란 때 끌려갔던 조선 기술자들의 후손이 지금도 구마모토에 살고 있는데, '서생'이라는 성을 사용한답니다.

온천과 사과의 지방, 아오모리

다른 곳 8

8 Day
온천과 사과의 지방
아오모리

일본 혼슈 지방 북쪽에 자리하고 있는 아오모리는 여름이 짧고 겨울에 눈이 많이 오는 곳이에요. 유황 냄새가 진동하는 노천 온천으로 유명한 곳이지요. 세계 최고의 너도밤나무 숲과 세계에서 가장 긴 벚나무 가로수 길, 일본에서 가장 넓은 유채꽃밭이 있어요. 하지만 뭐니 뭐니 해도 아오모리는 일본에서 가장 맛있는 사과가 나는 곳이랍니다.

읽으면서 찾아보아요

- 핫코다산에 화산 분출 이후 만들어진 호수의 이름은 무엇인가요?
- 일본 열도를 이루고 있는 4개의 큰 섬의 이름은 무엇인가요?
- 세계에서 가장 긴 해저터널의 이름은 무엇인가요?

아름답고 장엄한 핫코다산

핫코다산은 일본의 100대 명산 중 한 곳으로, 아오모리에서 후쿠시마까지 뻗어 있는 오우 산맥의 화산 중 하나예요. 잠시 쉬고 있는 휴화산인데, 자연 경치가 아름답기로 유명답니다. 이곳에는 거대한 화산 분출 이후 형성된 도와다호와 다시로타이 습원이 있어요. 핫코다산은 화산의 박물관이라 알려진 도와다하치만타이 국립공원 안에 있고, 아오모리의 유명한 온천들이 모여 있어 등산가들에게 사랑 받는 곳이에요.

400년이나 된 아오모리의 온천들

일본에는 약 2,200곳의 온천이 있어요. 핫코다산에도 사루쿠라, 아사무시, 스카유, 고마키, 야겐 등 역사가 오래된 온천들이 있지요. 아오모리는 1월의 평균 기온이 영하 2도인 매우 추운 지역이지만, 한겨울에도 온천에 들어가면 알몸으로 있어도 추운 줄 모른답니다.

에스키모 원숭이, 스노 멍키

아오모리 현 시모키타 반도에는 세계에서 가장 북쪽에 사는 원숭이가 있답니다. 원숭이과의 동물들은 대부분 따뜻하고 무더운 지역에 살아요. 하지만 일본원숭이는 눈이 많이 내리는 아오모리에 살고 있답니다. 그래서 별명도 '스노 멍키'예요. 회색, 갈색, 얼룩무늬 등 다양한 색깔의 긴 털 덕분에 추위에 잘 견디는 거라고 해요. 다홍빛의 엉덩이가 특징이고, 나무 열매나 꽃, 곤충 등을 주로 먹지만, 겨울에는 나무 껍질도 먹는 잡식성이지요. 보통 3만여 마리가 무리지어 사는데, 힘이 센 수컷 한 마리가 대장이 되어 그 대장을 중심으로 매우 질서 있는 사회를 이룬답니다.

일본 최상급 사과, 아오모리

아오모리는 일본에서 사과 생산량이 1위인 지역입니다. 품종, 생산량, 어느 면에서 견주어봐도 아오모리의 사과는 일본에서 최상급으로 평가받고 있지요. 미국인 선교사 존 잉그가 가져와 심은 사과나무를 시작으로 지금은 600여 종의 사과를 생산하고 있답니다. 아오모리 사과는 단맛과 신맛의 균형이 좋아 인기가 많은데, 특히 쓰가루 평야의 이와키산에서 나는 사과 맛은 기가 막힐 만큼 좋다고 해요. 이와키산 주변은 사과밭이 많아서 경치도 아름답지만, 해마다 가을이 되면 '사과 따기 체험'도 할 수 있는 곳이에요.

바다 밑을 지나는 세이칸터널

일본은 4개의 큰 섬으로 이루어져 있어요. 북쪽부터 홋카이도, 혼슈, 시코쿠, 규슈 순서로 길게 늘어서 있지요. 홋카이도와 혼슈 사이에는 쓰가루 해협이 있는데, 이 해협 밑에는 세계에서 가장 긴 해저터널이 있어요. 이 터널이 바로 세이칸터널이에요. 세이칸터널은 바다 아래로 100m 지점에 있는데, 혼슈의 북쪽에 있는 아오모리와 홋카이도의 하코다테 사이를 연결하는 터널이랍니다. 이 터널은 1961년 공사를 시작해서 1988년 3월에 개통되었어요. 길이가 53.38km나 되는 이 터널은 한 번 지나가는 데만도 25분 정도가 걸려요.

지구가 데워 주는 목욕물, 온천

온천은 화산 속의 뜨거운 마그마에 의해 데워진 지하수랍니다. 그래서 주로 화산이 있는 곳에 많이 있지요. 고대부터 사람들은 온천을 이용해 왔다고 전해지고 있어요. 그런데 뜨거운 온천 목욕을 좋아하는 동양 사람들과 달리 유럽 사람들은 미지근한 온천 목욕과 일광욕을 즐긴답니다. 나라 전체가 환태평양 화산대에 속해 있는 일본은 사람뿐만 아니라 원숭이도 온천 목욕을 즐긴다고 하니 '온천의 나라'라고 불릴만하지요?

환상적인 눈의 도시, 삿포로
다른곳 **9**

9 Day
환상적인 눈의 도시 삿포로

'메마르고 넓은 땅'이라는 뜻을 지닌 삿포로는 일본의 가장 북쪽에 있는 홋카이도섬의 도청이 있는 곳이에요. 1869년에 세운 도시이지요. 연평균 기온이 8.2℃이고, 겨울에는 눈이 1~3m까지 쌓인답니다. 삿포로는 1972년 동계 올림픽이 열려 세계적으로 유명한 관광지가 되었어요.

읽으면서 찾아보아요

- 삿포로에서 열리는 유명한 눈 축제는 무엇인가요?
- 일본의 종교시설로 민속신앙인 신토의 신을 모시는 곳은 어디일까요?
- 홋카이도 아칸 호수에 사는 희귀 식물은 무엇인가요?

세계 3대 축제인 유키마츠리

해마다 2월이 되면 많은 사람들이 설레는 마음을 안고 삿포로에 갑니다. 세계 3대 축제 중 하나인 '유키마츠리'라는 눈 축제를 보기 위해서이지요. 유키마츠리는 일본이 제2차 세계 대전에서 패한 뒤, 어려움을 딛고 일어서려는 삿포로 시민을 위로하고 6개월이나 계속되는 홋카이도의 겨울을 즐기자는 뜻에서 시작했어요.

1950년에 시작된 이 축제는 삿포로의 오도리 공원을 중심으로 도시 전체가 눈과 얼음 조각으로 장식되어 환상적인 분위기를 풍긴답니다. 유명한 건축물이나 동화 속 주인공 등 300여 점의 작품이 전시되어 아주 멋진 광경이 펼쳐지지요. 이 기간에 쓰이는 눈의 양이 5톤 트럭 7,000대 분량이라니 삿포로 인근에 눈이 엄청 많이 내린다는 걸 알 수 있어요.

● 시민의 안식처, 오도리 공원

삿포로의 오도리 공원은 삿포로의 주요한 축제들이 열리는 것으로 유명해요. 봄에는 라일락꽃 축제, 여름에는 맥주 축제(비어 가든), 겨울에는 유키마츠리가 열리는 것은 물론, 수많은 전구가 빛나는 화이트 일루미네이션(White Illumination) 축제도 열려요. 이곳은 계절마다 다채로운 꽃이 가득한 시민의 안식처이기도 해요.

● 일본의 전통 신사, 홋카이도 신사

일본에는 민속신앙인 '신토'의 신을 모시는 종교 시설이 있는데, 이 시설을 '신사' 또는 '신궁'이라고 해요. 어느 정도 규모가 갖춰진 일본 내 신사는 약 8만 8천 곳이나 된답니다. 삿포로의 마루야마 공원에는 홋카이도를 대표하는 홋카이도 신사가 있어요. 새해가 되면 많은 사람들이 이곳에 방문하여 소원을 빌지요. 홋카이도 신사 축제가 열리면 신을 태운 4대의 가마를 중심으로 시내 행진이 펼쳐진답니다.

● 라멘의 진수, 삿포로 라멘

라멘은 밀가루로 만든 길고 얇은 면을 삶아 다양한 재료를 넣어 만든 중화풍의 일본 면 요리를 말해요. 일본 라멘 가운데 후쿠오카의 하카다 라멘과 삿포로 라멘이 가장 유명하답니다. 삿포로 라멘은 1923년경 다케가라는 중화요리 가게에서 시작되었는데, 일본식 된장 국물에 채소를 넣고 끓여요. 삿포로 라멘 외에도 일본에는 다양한 종류의 라멘이 있어요.

● 홋카이도의 명물, 마리모

홋카이도는 수많은 화산과 호수, 유황 냄새가 물씬 풍기는 온천, 겨울이면 3m 이상 쌓이는 눈, 세계에서 가장 투명하다는 마슈 호수 등 원시 자연을 그대로 간직하고 있어요.

홋카이도의 아칸 호수에는 '마리모'라는 희귀 식물이 살아요. 마리모는 일본의 천연기념물로, 공 모양으로 뭉쳐서 자라요. 깨끗한 물과 햇빛만으로 스스로 광합성을 하면서 크는데, 1년에 0.5cm쯤  자란다고 해요. 마리모에는 아름다운 사랑의 전설이 깃들어 있어요. 아칸 호수의 부족장 딸과 평민 용사가 신분의 차이를 이겨내고 이룬 사랑이 마리모가 되었다는 전설이지요. 그래서 일본 사람들은 소원을 이루라는 상징이나 영원한 사랑의 의미로 마리모를 선물하기도 한답니다.

일본 속의 또 다른 민족, 아이누족

홋카이도는 원래 아이누족의 땅이었어요. 아이누 사람들은 북쪽으로 올라오는 일본인에게 저항했지만, 1669년에 일어난 싸움에서 지면서 완전히 일본의 지배를 받게 되었지요. 1869년 일본 정부는 홋카이도를 개발하면서 아이누족의 토지를 몰수하고, 고유의 풍습을 금지했어요. 또 일본 이름을 사용하게 했지요. 이에 따라 오랜 기간 자신들만의 독특한 문화를 유지해왔던 아이누족의 전통문화는 파괴되었어요.

이제 아이누족은 일본 사람과 결혼하고 일본 문화에 익숙해져 순수한 혈통을 찾아보기 힘들답니다. 지금은 약 2만 명 정도만 남아 있어요.

중국 역사의 중심지, 베이징

다른곳 8

10 Day
중국 역사의 중심지 베이징

베이징은 중국의 수도예요. 정치, 행정, 문화, 교육의 중심지이며, 세계적으로 유명한 문화유산을 간직한 역사의 도시랍니다. 베이징은 오래 전부터 민족간의 문화적 교류나 대외 교류가 많았어요. 마르코 폴로가 원나라의 쿠빌라이 칸을 만난 곳도 베이징이였지요. 지금은 전 세계에서 500대 글로벌 기업의 본사가 가장 많이 유치된, 현대적인 국제도시랍니다. 베이징은 16개의 구로 나뉘어 있으며, 서울보다 27배나 커요.

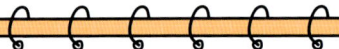

읽으면서 찾아보아요
- 중국의 전통 연극의 이름은 무엇인가요?
- 천자가 사는 왕궁으로 여겼던 중국의 궁궐은 무엇인가요?
- 천안문에 있는 초상화의 인물은 누구인가요?

중국의 전통 연극, 경극

경극은 중국의 전통 연극을 말해요. 2010년 유네스코 인류무형문화유산으로 지정되었으며, 화려한 의상과 분장, 과장된 춤과 노래, 무술 장면 등이 예술적으로 조화를 이루고 있어 많은 사람에게 사랑받았지요. 경극이 처음 시작된 것은 약 200년 전으로, 안후이 지방의 '휘조'라는 곡조가 유행하게 된 것이 그 시작이었다고 전해지고 있어요. 배우의 얼굴 분장은 경극의 줄거리를 이해하는 데 중요한 열쇠가 된답니다. 붉은색은 충성과 용기, 검은색은 용맹과 지혜, 푸른색이나 녹색은 영웅, 황색과 백색은 흉악한 사람, 금색과 은색은 신이나 귀신을 의미합니다. 그 색깔의 면적에 따라 인물의 성격도 정도가 달라진다고 합니다. 예를 들어 검은색이 많이 칠해져 있으면 그 사람은 아주 용맹한 사람이라는 걸 알 수 있죠.

● 세계에서 가장 큰 궁궐, 자금성

자금성은 베이징에 있는 명·청 시대의 궁전이에요. 1407년 명나라 황제였던 영락제가 난징에 있던 수도를 베이징으로 옮기면서 짓기 시작해 1420년에 완성한 성이랍니다. 그 이후로 500년 동안 24명의 황제가 이곳에서 중국을 다스렸어요. 자금성은 천자(하늘의 아들)가 사는 왕궁으로 여겨져 황제의 허락 없이는 그 누구도 안으로 들어오거나 나갈 수 없었다고 해요.

자금성은 동서 약 760m, 남북 약 1,000m의 규모로 높이 10m의 벽으로 둘러싸여 있으며, 980여 채의 건물과 8,707개의 방을 가진 엄청난 규모의 성이에요. 지금은 명·청 시대의 수십만 점의 유물을 간직한 고궁박물관으로 바뀌어 누구나 방문할 수

있는 곳이 되었지요. 1987년 유네스코 세계문화유산으로 지정되었어요.

중국의 상징, 자이언트 판다

중국을 상징하는 동물인 판다는 중국 서부의 깊은 대나무 숲속에서만 살아요. 그나마도 몇 마리 남아 있지 않아서 판다에 대한 자세한 정보는 알려진 것이 별로 없답니다. 과학자들은 이 판다를 '살아 있는 화석'이라고 해요. 그건 판다가 2,500년 전부터 진화하지 않고 그대로 있기 때문이에요. 수명은 25년 정도이고, 겨울잠은 자지 않아요. 온종일 대나무에 매달려 대나무의 잎이며 가지를 20킬로그램이나 먹어 치운다고 하니 먹성이 참 대단하지

요? 판다는 성질이 온순하고 생김새가 귀여워서 많은 사람들에게 사랑받고 있답니다.

중국의 주요 교통수단, 자전거

자전거는 중국의 중요한 교통수단 중 하나예요. 자전거가 중국인들에게 환영받는 이유는 중국에 평지가 많아 자전거 타기가 편리하기 때문이에요. 자전거의 비중이 큰 만큼 거리에는 자전거 신호등도 있고, 공유 자전거도 활성화되어 있답니다. 하지만 빠른 경제 성장으로 도시의 교통수단이 계속 발전하고 있어서 자전거 왕국이라는 이름도 곧 바뀌게 될 것 같아요.

중국의 상징, 천안문 광장

천안문 광장은 세계에서 가장 넓은 광장이에요. 남북으로 880m, 동서로 500m 정도로 100만 명이 한꺼번에 모일 수 있을 만큼 크답니다. 천안문의 이름은 원래 '승천문'이었어요. 황제가 살던 자금성의 정문이었는데, 국민에게 나라의 법을 선포하는 장소로 사용되었지요.

천안문이 전 세계적으로 유명해진 것은 아주 슬픈 역사적 사건 때문이었어요. 1989년 6월 4일, 수많은 시민이 천안문 광장에서 민주화 운동을 하다가 죽었어요. 그 뒤로 사람들은 이날을 '피의 일요일'이라고 부른답니다. 천안문에는 마오쩌둥의 초상화가 걸려 있는데, 지금의 중국 공산주의를 만든 사람이에요. 마오쩌둥의 사진 양옆으로는 '중화 인민 공화국 만세, 세계 인민 대단결 만세'라고 씌어 있어요.

쇼핑의 천국, 홍콩 — 다른 곳 ❽

11 Day

쇼핑의 천국 홍콩

홍콩의 정식 이름은 '중화인민공화국 홍콩 특별행정구'입니다. 홍콩은 중국과 한 국가지만, 각각 다른 체제로 통치하고 있어요. 중국과는 분리된 정치체계와 경제구조를 가지고 있지요. 홍콩은 주장강 하구의 홍콩섬과 주룽반도, 그리고 주룽반도의 여러 섬으로 이루어져 있어요. 홍콩이 지금과 같은 관광, 쇼핑의 천국으로 거듭나기까지 많은 우여곡절이 있었답니다.

읽으면서 찾아보아요

- ☐ 홍콩의 물건이 싼 이유는 무엇인가요?
- ☐ 세계에서 가장 긴 대교 이름은 무엇인가요?
- ☐ 중국이 영국에게 홍콩을 빼앗긴 전쟁은 무슨 전쟁인가요?

나단로드, 황금의 1마일

홍콩은 세계 최대의 자유무역 지역입니다. 도시 전체가 세금이 붙지 않은 물건을 팔고 있어요. 그래서 세계 여러 나라의 좋은 물건을 아주 싸게 살 수 있지요. 특히 '나단 로드'는 유명한 호텔과 다양한 상점들이 늘어서 있는 쇼핑의 거리로 '황금의 1마일'이라 부를 정도랍니다.

● 바다를 가로지르는 해저 터널

홍콩에는 해저 터널이 많아요. 자동차가 다니는 해저터널과 지하철이 다니는 해저터널이 있지요. 이 터널들은 홍콩섬과 육지인 주룽반도를 연결하고 있어서 홍콩이 섬이라는 느낌이 들지 않을 정도랍니다. 2018년에는 홍콩과 마카오를 잇는 세계에서 가장 긴 강주아오 대교를 만들었는데, 전체 길이 55km 중 6.7km가 해저터널로 되어 있어요. 이 다리를 건너면 바다 밑에 들어갔다가 다시 나오는 진기한 경험을 할 수 있지요.

세계 영화사를 다시 쓰게 만든 홍콩 누아르

홍콩의 중국 반환을 앞둔 1980년대에는 당시의 허무한 분위기를 반영하는 어두운 분위기의 범죄영화들이 등장하기 시작했어요. 이 영화들은 새로운 액션영화의 세계를 열었다고 평가받으며 '홍콩 누아르'라고 불리기 시작했어요. '누아르'는 범죄와 폭력세계의 삶을 다룬 영화를 뜻하는데, 홍콩의 영화는 기존의 누아르 영화보다 화려한 슬로 액션의 촬영 기법을 써서 세계의 주목을 받았지요. 대표적인 작품으로 〈열혈남아〉, 〈영웅본색〉, 〈첩혈가두〉, 〈첩혈쌍웅〉 등이 있어요. 그 이후로 많은 액션영화가 홍콩 누아르의 영향을 받았답니다.

'노란 운동복'의 사나이, 이소룡

홍콩 누아르의 중심에는 이소룡이라는 배우가 있었어요. 액션 영화의 새로운 길을 열었던 그는 홍콩 영화를 전 세계에 알린 사람이었지요. 당시 홍콩의 영화감독들은 여러 가지 방법을 연구하며 무술 영화를 만들었는데, 이소룡은 그런 영화들을 보며 자신이 수련한 무술로 영화를 찍었답니다. 이것이 전 세계인들에게 깊은 인상을 심어 주었지요. 이소룡은 1974년 〈사망유희〉라는 영화를 찍던 도중 죽었습니다. 그가 이 마지막 영화에서 입고 있던 노란 운동복은 사람들의 기억 속에 아직도 전설처럼 생생하게 남아 있답니다.

 별천지 식당, 홍콩의 음식

중국인들은 '하늘을 나는 비행기와 바닷속을 다니는 잠수함을 빼고는 뭐든지 먹는다'라고 할 만큼 다양한 동식물을 먹는답니다. 다양한 음식 문화를 가지고 있다는 말이지요. 홍콩 음식의 공통점이 있다면, '불에 굽거나 뜨거운 물에 익힌 요리'라는 점이에요. 홍콩에는 이른 아침부터 늦은 밤까지 환하게 불이 켜진 음식점들이 많아요. 홍콩 사람들은 집에서 요리하지 않고 주로 식당에서 밥을 사 먹기 때문이에요. 홍콩에서는 음식을 직접 요리하는 것보다 사 먹는 게 값이 싸다고 하네요.

홍콩의 슬픈 역사

중국은 5개의 자치구와 4개의 직할시, 2개의 특별자치구로 나누어져 있어요. 홍콩은 마카오와 더불어 중국의 특별자치구 중 하나랍니다.

홍콩은 다른 도시와 달리 좀 슬픈 역사를 가지고 있어요. 1841년 '아편 전쟁'으로 영국이 홍콩섬을 점령하면서부터 홍콩은 영국의 식민지였답니다. 1984년 영국과 중국은 '홍콩 반환 협정'을 체결하였고, 1997년 7월 1일 드디어 155년의 식민지 역사를 끝내고 홍콩은 다시 중국 땅이 되었어요. 홍콩은 지역적 특성을 살려 유럽과 아시아를 잇는 요충지로 발돋움하기 위해 노력했고, 그 결과 눈부신 경제 성장을 이룩했어요. 지금은 영국 문화와 중국 문화가 섞인, 홍콩만의 독특한 문화를 가지고 있지요. 홍콩은 2047년까지 두 체제로 통치하기로 했으나 중국의 개입이 높아지고 있어요. 이로 인해 2014년 우산혁명, 2019년 홍공 민주화 운동이 일어났답니다. 홍콩의 민주화 운동은 아직 진행 중이에요.

태양의 도시, 라싸

다른곳 8

12 Day
태양의 도시 라싸

중국 남서부에는 티베트족이 모여 사는 자치구가 있어요. 바로 티베트(시짱자치구)예요. 라싸는 티베트의 중심도시로, 정치·경제·문화·종교의 중심지랍니다. 라싸는 티베트 고원 남부의 키추 강 연안에 위치하는데, 해발 고도가 3,630m에 달하여 '태양의 도시'라고도 불리지요. 라싸는 불교의 성지로, 전 세계 사람들에게 큰 가르침을 주고 있는 곳이기도 합니다.

읽으면서 찾아보아요

☐ 포탈라궁을 만든 사람은 누구인가요?
☐ 티베트의 정신적인 지도자 두 명은 누구인가요?

티베트의 정신이 살아 숨 쉬는 포탈라궁

라싸에는 종교와 정치 지도자인 달라이 라마가 살았던 포탈라궁이 있어요. 이곳은 티베트의 불교와 전통 행정의 중심지이자 상징이랍니다. 1645년 5대 달라이 라마 때 처음 짓기 시작했고, 고쳐 짓기를 거듭하면서 오늘과 같은 모습이 되었지요.

포탈라궁은 거대한 벽돌 건물이에요. 높은 성벽으로 둘러싸여 있고, 지붕은 금박으로 덮여 있어요. 전체 높이는 117m, 동서 길이는 360m이며 3,700m 높이의 산 위에 세워져 있지요. 포탈라궁은 두 구역으로 나뉘어 있는데, 바깥쪽 아랫부분의 '하얀 궁전'이 한가운데 솟아 있는 '붉은 궁전'을 감싸고 있는 형태랍니다. 하얀 궁전은 달라이 라마가 나랏일을 보고 지내던 궁전이고, 붉은 궁전은 종교 의식을 치르는 사원이에요. 포탈라궁은 티베트의 여러 문물이 보관되어 있는 귀중한 세계문화유산이랍니다.

● 귀신을 쫓는 부처님의 말씀, 룽다

티베트에서는 높은 장대에 오색의 천에 불경을 써서 매달아 놓은 룽다를 자주 볼 수 있답니다.

'룽다'는 우리나라의 솟대와 같이 나쁜 기운이 들어오지 않도록 세워 놓는 긴 나무 기둥이에요. 보통 달아놓은 깃발이 다 헤져서 사라질 때까지 그대로 둔다고 해요.

● 나쁜 귀신을 몰아내는 승려들의 춤, 참

'참'은 승려들이 질병을 몰아내고 귀신을 쫓기 위해 추던 춤이랍니다. 주로 승려가 화려한 비단옷과 무서운 가면 등을 쓰고 나쁜 요괴나 흉악한 인물이 되어 연기하면 호법신으로 분장한 승려가 나타나 이들을 물리친다는 내용을 담고 있어요.

티베트의 귀중한 동물, 야크

높은 곳에서 사는 티베트 사람들에게 야크는 중요한 일꾼이자 교통수단이에요. 자동차가 다닐 수 없는 가파르고 좁은 산길을 오르내리면서 사람들에게 물건을 전달하지요. 야크의 털은 매서운 겨울바람을 막아 주는 옷이나 밧줄을 만드는 데 쓰고, 우유와 고기를 얻을 수도 있어요. 또 야크의 똥은 나무가 자라지 않는 티베트에서 연료로 쓰인다고 하니 정말 여러모로 쓸모 있는 동물이죠?

● 경건한 장례 의식, 천장과 수장

티베트에서는 사람이 죽었을 때 땅에 묻지 않고 천장 또는 수장이라는 장례 의식을 치러요. '천장'은 시신을 새의 먹이로 주는 것이고, '수장'은 전염병 등으로 죽은 사람을 호수나 강물에 흘려보내는 것을 말합니다. 티베트에서 이런 식으로 장례를 치르는 이유는 나무가 귀해 시신을 화장하기 힘들기 때문이랍니다.

● 티베트 사람의 주식, 버터차와 참파

티베트는 높은 곳에 있어서 채소나 과일이 풍부하지 않아요. 그래서 주로 야크 고기나 야크의 젖으로 만든 요구르트, 버터차, 참파 등을 먹어요. 버터차는 보이차를 넣고 한 시간 쯤 끓인 뒤 버터와 소금을 넣은 차예요. 참파는 보리를 달달 볶은 뒤 절구로 찧어 만든 가루지요.

티베트의 정신적 지도자, 달라이 라마와 판첸 라마

티베트에는 종교와 정치의 최고 지배자인 '달라이 라마'와 라마교의 우두머리인 '판첸 라마'가 있어요. '라마'란 '뛰어난 사람'이라는 뜻이에요. 종교와 정치가 하나인 티베트에서는 달라이 라마와 판첸 라마가 정신적 지주이자 통치자랍니다. 중국의 황제들도 달라이 라마나 판첸 라마를 정신적 지도자로 생각했어요. 위대한 가르침을 주었던 스승의 영혼이 다시 태어난 것이라고 믿었기 때문이에요.

티베트에서는 달라이 라마를 환생한 관세음보살이라고 생각해요. 현재 미국으로 망명해서 티베트의 독립운동을 주도하는 14대 달라이 라마는 14번째로 태어난 관세음보살이라고 믿는 것이지요. 달라이 라마의 뒤를 잇는 제2의 지도자 판첸 라마 역시 환생한 아미타불이라고 여긴답니다.

달라이 라마나 판첸 라마가 죽으면 승려들이 그 뒤를 이을 지도자를 찾아요. 엄격한 심사를 거쳐 새로 태어난 아이들 중에서 선택하지요. 달라이 라마나 판첸 라마의 영혼이 그 아이의 몸으로 환생한 것이라고 믿는답니다.

타이완의 중심, 타이베이 다른곳 8

13 Day
타이완의 중심 타이베이

타이베이는 타이완의 수도이며, 정치·경제·교육의 중심지예요. 타이완은 동아시아에 위치한 타이완 섬과 푸젠성 진마 지구를 통치하는 공화국으로, '대만'이라고도 부른답니다. 타이완은 1895년 청일전쟁에서 청나라가 패한 뒤 51년 동안 일본의 지배를 받기도 했어요. 타이완은 토지의 약 2/3가 산지와 구릉지대이며, 주민의 98%가 '한족'이에요.

읽으면서 찾아보아요

- 세계 4대 박물관 중 하나로 불리는 타이베이 박물관의 이름은 무엇인가요?
- 국립중정기념당은 누구를 기념하기 위해 세운 곳인가요?

● 화려하고 아름다운 사찰, 룽산사

1738년에 세워진 룽산사(龍山寺)는 타이베이시에서 가장 오래된 절이랍니다. 전쟁과 재해를 겪으면서 여러 번 다시 지었고, 지금 건물은 제2차 세계대전 뒤에 다시 세운 것이에요. 타이완에 남아 있는 중국 전통 건축물 가운데 가장 빼어나서 유적으로서도 가치가 높은 절이지요. 룽산사 안마당에 있는 아주 큰 향로는 늘 소원을 담은 향들로 가득 차 있고, 빽빽이 서 있는 몇십 가지 신상 앞도 소원을 비는 사람들로 늘 붐빈답니다. 룽산사는 사찰 건물을 지을 때 못을 전혀 사용하지 않은 점이 특징이에요.

타이완 여행의 즐거움, 야시장

야시장은 말 그대로 밤에 열리는 시장을 말해요. 타이베이에는 화시지에(華西街), 스린(士林), 공관(公館), 스다(師大) 등 규모가 큰 야시장은 물론 동네에 열리는 작은 야시장까지 수많은 야시장이 있어요. 저녁이 되면 야시장은 발 디딜 틈이 없을 만큼 사람들이 북적거린답니다. 스린 야시장은 백 년 이상의 역사를 자랑하는 최대 규모의 야시장으로 먹거리의 천국이에요. 화시지에 야시장에서는 뱀, 자라 등 엽기적인 음식도 팔고 있어 눈길을 끈답니다.

● 세계 4대 박물관, 국립 고궁 박물원

타이베이에 있는 국립 고궁 박물원은 1949년 장제스가 자금성의 고궁 박물관에 있던 유물을 타이베이로 가져와 전시하기 위해 세웠어요. 파리의 루브르, 뉴욕의 메트로폴리탄, 모스크바의 에르미타주와 함께 세계 4대 박물관 중 하나로 유명하지요. 고궁 박물원에는 69만여 점의 유물이 보존되어 있는데, 주로 1,000년 전인 송나라 때의 유물이 많아요. 파리

루브르 박물관 전시품의 두 배가 넘는 양으로 다 보려면 8년이나 걸린답니다.

어린 시절 추억을 되살리는 임류신 기념 인형박물관

타이완 사람들에게 전통 인형극은 추억을 떠올리게 하는 오래된 민속놀이 가운데 하나예요. 의사였던 임류신 선생이 모은 6천여 개의 인형을 전시하고 있는 이 박물관은 타이완 사람들에게 추억을 떠올리게 하는 소중한 장소랍니다. 이곳에는 인형극에 사용되는 다양한 인형은 물론 타이완의 전통 인형극을 직접 체험해 볼 수 있는 공간도 마련되어 있답니다.

● 타이베이의 전통 등불 축제

타이베이의 등불 축제는 정월대보름을 전후로 일주일 정도 열려요. 집, 건물, 거리 등에 특별히 만든 등을 거는 전통 축제랍니다. 이 축제에는 다양한 유래가 전해지는데, 그중 인간들에게 화가 난 옥황상제를 속이려고 폭죽을 터뜨리고 등을 달았다는 설화도 있어요. 타이베이의 반챠오 역 광장에서는 해마다 사람들이 만든 등불을 전시하고, 좋은 작품을 뽑아 상을 주는 대회도 열고 있답니다.

● 장제스를 기념하는 국립중정기념당

국립중정기념당은 쑨원과 함께 자유중국을 수립하고자 노력했던 장제스(장개석)를 기념하기 위해 건립한 기념당이에요. 장제스는 군인이자 정치가로 타이완의 초대 총통을 지냈지요. 1975년 그가 사망한 후, 그를 기리기 위해 기념당을 세웠지요. 장제스는 "내 마음에 부끄럽지 않으면 못할 일이 없다."는 신념을 가지고 있었답니다.

타이완의 원주민과 전통 축제

중국 대륙에서 200km쯤 떨어져 있고, 79개의 섬으로 이루어진 타이완에는 한족 이외에 여러 소수민족이 살고 있어요. 타이완에서는 이 원주민들을 '고산족'이라고 부른답니다. '고산족'은 높은 산에 사는 민족이란 뜻으로, 16개 민족으로 나뉘어요.

원주민 부족의 전통 축제들은 타이완의 볼 만한 관광 상품이에요. 대표적인 축제로 사이샤트족의 '대제', 부눈족의 사냥 축제인 '타이제', 추오족의 성인식인 '수수제', 아미족의 추수감사절 생사인 '풍년제' 등이 있어요.

물과 사원의 도시, 방콕 다른곳 ⑧

14 Day
물과 사원의 도시 방콕

'천사의 도시'라는 뜻을 가진 도시 방콕은 타이의 수도이자 최대 도시입니다. 타이는 동남아시아에 위치한 나라로 '태국'이라고도 부르지요. 방콕은 싱가포르와 함께 동남아시아의 거점 도시이며, 인도차이나 반도의 중심 도시 역할도 수행하고 있어요. 타이의 중부를 흐르는 짜오프라야강의 삼각주에 있는 수상도시이며, 타이 제일의 항구 도시랍니다.

읽으면서 찾아보아요
- 타이에 불교가 처음 전해진 도시는 어디인가요?
- 타이에서 열리는 새해맞이 축제의 이름은 무엇인가요?

에메랄드 사원, 왓 프라깨우

타이는 국민의 95%가 불교를 믿는답니다. 방콕 시내에만 크고 작은 불교 사원이 300여 개나 있지요. 그중 대표적인 사원은 1782년에 세운 왓 프라깨우예요. 왓 프라깨우는 왕궁에 속해 있는 사원으로, 국왕의 제사를 치르는 왕실 수호 사원이에요.  이곳에는 푸른 옥으로 만든 높이 75cm의 불상이 있는데, 이 불상이 에메랄드처럼 빛난다고 하여 '에메랄드 사원'이라고도 불립니다. 타이 내에서 신성시되는 곳이기 때문에 노출이 심한 옷이나 반바지, 슬리퍼 등의 차림으로는 입장할 수 없답니다.

새해 복을 비는 물 축제, 송끄란

송끄란은 우리나라의 설날과 비슷한 새해맞이 축제예요. 4월 13일부터 15일까지를 축제 기간으로 정하여 운영하고 있는데, 태국 여러 도시에서 개최되지만 그중 치앙마이 축제가 가장 유명하지요. 송끄란 축제에서는 서로에게 물을 뿌리면서 복을 빈답니다. 타이에서 가장 무더울 때 축제를 열어서 더위를 식히고자 하는 지혜가 담겨 있는 거예요. 축제날이 되면 가족이 모두 모이는데, 보통 사원을 방문하고 가족이나 친구들과 함께 축제를 즐기지요. 사찰에 대한 공물 바치기나 집안 대청소, 가장행렬의 행진, 미인선발대회 등 각 지역의 특색에 맞는 행사도 열린답니다.

타이 최대의 불탑, 프라파톰 체디

방콕에서 47km 떨어진 곳에 있는 도시 나콘파톰은 타이에 불교가 처음 전해진 곳이랍니다. 약 2천 년의 역사를 가지고 있는 나콘파톰은 부처가 찾아오기도 했다는 전설이 있을 만큼 신성한 곳이지요. 이 도시의 중앙에는 127m나 되는 높은 탑이 세워져 있는데, 이 탑이 바로 타이에서 가장 큰 불탑인 프라파톰 체디예요. 타이 사람들은 이곳에서 기도하면 소원이 이루어진다는 믿음을 갖고 있어요.

타이의 전통 시장, 수상시장

방콕에는 짜오프라야강을 따라 만들어진 운하가 있어요. '동양의 베네치아'라고 부르기도 하지요. 오늘날에는 교통이 발달하면서 수상시장이 점점 사라지고 있지만, 담넌사두억, 암파와, 탈링찬, 크롱 랏 마욤 등의 수상시장은 여전히 나룻배에 열대 과일과 채소를 싣고 파는 사람들로 분주하답니다. 보트를 타고 시장 안으로 들어가면 운하를 따라 상점들이 즐비하게 서 있고, 보트에서 물건을 파는 모습을 볼 수 있어요. 음식을 파는 식당 배도 있어서 배를 타고 가다가 국수를 사 먹을 수도 있답니다.

 몽쿠트 왕이 모델이 되었던 영화

'타이' 하면 많은 사람이 《왕과 나 (The King and I)》라는 영화를 떠올린답니다. 1956년에 만든 영화로 세계적인 인기를 끌었지요. 이 영화의 원작은 애나 해리엇 리오노언스가 라마 4세인 몽쿠트 왕의 아이들을 가르쳤던 경험을 담은 소설 《시암 궁정의 영국인 가정교사(1870)》예요. 하지만 몽쿠트 왕을 거칠고 권력을 휘두르는 왕으로 표현해 많은 비난을 받았지요. 이후 마거릿 랜던이 리오노언스의 작품에 영감을 받아 《애나와 시암 왕(1944)》을 썼고, 이 책을 바탕으로 《왕과 나》라는 제목으로 뮤지컬을 만들어 영화로까지 이어지게 되었답니다.

동남아시아에서 유일하게 주권을 지킨 나라

타이는 제국주의 시대에 동남아시아에서 유일하게 독립을 유지한 국가예요. 강대국들이 경쟁했던 인도차이나 반도 한가운데에 있으면서도 유일하게 식민지가 되지 않은 나라였답니다.
1800년대 영국과 프랑스 등 유럽 강대국들이 캄보디아, 라오스, 베트남을 차례로 점령하는 동안 라마 4세인 몽쿠트 왕과 라마 5세인 출랄롱코른 왕은 주권을 지키기 위해 노력했어요. 타이는 강대국간의 대립을 잘 이용했어요. 주변 나라들은 강대국에 문을 열지 않고 통상수교 거부정책을 펴서 오히려 식민지가 되었지만, 타이는 발 빠르게 강대국에 양보할 것은 양보하면서도 지킬 것은 지킨다는 마음가짐으로 대응하여 나라의 주권을 잃지 않았답니다.

자유와 예술의 도시, 뉴욕

다른곳 8

15 Day
자유와 예술의 도시 뉴욕

미국 동부에 있는 뉴욕의 역사는 1626년 네덜란드 서인도회사가 맨해튼 섬에 정착하면서 시작되었어요. 뉴욕은 '인간이 이룩한 문명의 걸작'이라고 불리는 세계적인 항구도시예요. 세계의 금융 중심지인 월가와 꿈의 무대인 브로드웨이가 있어 세계 경제와 예술의 중심지라고 해도 지나친 말이 아니랍니다.

읽으면서 찾아보아요

- 뉴욕의 극장가로 알려진 거리는 어디인가요?
- 뉴욕을 처음 발견한 사람은 누구인가요?
- 타임스 광장의 원래 이름은 무엇인가요?

뉴욕의 상징, 센트럴 파크

센트럴 파크는 미국에서 최초로 조경 건축 기술을 이용해 만든 도시 공원이에요. 1856년 뉴욕시가 공원이 필요하다는 시민들의 의견을 받아들여 만들기 시작했어요. 1876년 완성된 센트럴 파크는 평평하고 완만한 잔디밭부터 그늘지고 가파른 골짜기까지 다양하게 이루어져 있지요. 공원 안에는 동물원, 스케이트장, 작은 호수, 노천극장, 음악당, 체육관, 놀이터, 분수 등과 같은 다양한 시설이 많이 있어 도시 사람들의 휴식 공간이 되고 있답니다.

 세계 무역의 중심, 세계무역센터

뉴욕시 맨해튼에 있는 세계무역센터는 국제무역의 중추 역할을 하는 뉴욕의 랜드마크예요. 원래는 이 자리에 110층짜리 쌍둥이 건물이 있었는데, 2001년 9월 11일 미국 대폭발 테러사건(9·11테러사건) 때 붕괴되었답니다. 그  이후 재건립이 추진되어 2014년 11월에 주 건물인 원월드트레이드센터를 개장하였지요. 총 높이는 미국이 독립선언을 한 연도를 따라 1,776피트(541m)로 지어져 미국에서 가장 높은 건물이 되었답니다.

미국의 상징, 자유의 여신상

자유의 여신상은 뉴욕항의 리버티섬에 세워진 거대한 여신상으로, 1984년 유네스코 세계유산으로 지정되었어요. 미국의 상징인 이 여신상은 프랑스가 미국 독립 100주년을 기념하여 기증한 것이랍니다. 프레데릭 바르톨디의 작품으로, 1884년 프랑스에서 완성한 후 214개의 조각으로 해체하여 미국으로 옮겼고, 1886년에 헌정식을 했어요. 자유의 여신상은 오른손에 횃불을 높이 들고 있고, 왼손에는 독립 선언서를 들고 있어요. 왕관에는 7개의 뿔이 달려 있는데, 세계 7대의 바다와 7개의 주에 자유가 널리 퍼져 나간다는 것을 뜻한답니다.

여신상 안에 있는 엘리베이터와 계단을 이용해 왕관까지 올라가 뉴욕항을 바라볼 수 있어 인기 있는 관광지이기도 해요.

연극과 영화의 거리, 브로드웨이

브로드웨이는 뉴욕 맨해튼의 대로를 부르는 말이에요. 이 지역에 극장이 밀집해 있어 미국의 연극, 뮤지컬계를 일컫는 말로 쓰이기도 한답니다. 이곳에서는 지금도 세계적으로 유명한 연극과 뮤지컬이 공연되고 있지요. 미국은 19세기부터 웅장하고 화려한 볼거리가 많은 뮤지컬을 만들기 시작했어요. 1866년 〈블랙 크룩〉이라는 뮤지컬을 시작으로 명작 뮤지컬과 걸출한 아티스트를 배출했습니다. 지금도 브로드웨이의 극장가에서 작품을 올리는 것은 많은 예술가들의 꿈이랍니다.

미국 금융자본의 대명사, 월가

월가는 브로드웨이에서 이스트강으로 이어지는 약 6km 거리를 말해요. 세계 제일의 규모를 자랑하는 뉴욕 주식 거래소를 비롯하여 증권회사와 은행이 집중되어 있는 곳이지요. 월가라는 이름은 1652년에 네덜란드 사람들이 영국의 침입에 대비해서 만든 돌벽에서 따왔어요. 월가의 주식 가격의 동향은 오늘날 전세계 경제에 큰 영향을 주고 있답니다.

특별한 새해를 맞이하는 타임스 스퀘어

타임스 스퀘어는 뉴욕의 42번가와 7번가 그리고 브로드웨이가 만나는 지대에 있는 광장이에요. 이곳에서는 매년 12월 31일 밤에 볼드롭(Ball drop) 행사가 열린답니다. 크리스털로 만든 대형 볼이 빌딩 옥상에서 내려오면 사람들은 카운트다운을 외치며 새해 첫날을 맞이하지요. 원래 '롱에이커 광장'이었는데, '뉴욕타임스'가 이곳으로 옮겨 오면서 '타임스 스퀘어'로 이름이 바뀌었어요.

미국 제일의 도시, 뉴욕의 역사

뉴욕은 1524년 이탈리아 탐험가인 조반니 베라치노가 처음 발견했어요. 그 후 1609년 영국의 탐험가 헨리 허드슨이 맨해튼섬을 탐험하면서 뉴욕을 자세히 소개했고, 그 뒤 이곳에 백인들이 이주하기 시작했답니다. 1664년 영국 함대가 이곳을 점령하고 뉴욕이라 불렀지만, 뉴욕은 영국으로부터 독립하기 위해 전쟁을 시작했어요. 1783년 드디어 전쟁이 끝나고 뉴욕은 영국으로부터 독립했어요. 1788년 미국의 탄생과 함께 뉴욕은 미국의 첫 수도가 되었지요. 미국의 남북전쟁이 끝난 뒤인 1898년에 브루클린, 퀸스, 맨해튼, 브롱크스, 스태튼아일랜드를 합해 새로운 뉴욕을 만들었고, 지금의 세계적인 도시의 바탕을 마련하게 되었답니다.

영화 산업의 중심지, 할리우드

다른곳 8

16 Day
영화 산업의 중심지
할리우드

태평양 연안의 도시 미국 로스앤젤레스에는 사람들의 '꿈'을 만드는 곳이 있어요. 바로 '할리우드'라 불리는 곳이랍니다. 1887년 서부의 개발이 한창이던 때, 개발이 도움이 되고자 땅을 기부한 윌 코크스 부부가 '할리우드'라고 명명하며 불리게 되었습니다. 로스앤젤레스는 'LA'라고도 부르며, 뉴욕에 이어 미국에서 두 번째로 인구가 많은 도시입니다.

읽으면서 찾아보아요

- TCL 차이니즈 시어터를 세운 사람은 누구인가요?
- 미국에서 가장 큰 야외 속 공연장의 이름은 무엇인가요?

할리우드의 상징, 할리우드 사인

로스앤젤레스 산타모니카 산맥의 리산 일각에 있는 할리우드 힐스 지역에는 유명한 랜드마크가 있어요. 바로 할리우드 사인이랍니다. 맑은 날에는 50km 멀리에서도 보일 만큼 큰 규모를 자랑하는 이 사인은 사실 1923년 부동산에서 홍보용으로 설치한 광고판이었어요. 처음에는 'HOLLYWOOD LAND(할리우드 랜드)'였지만, LAND란 알파벳의 일부가 파손되어 아예 떼어내고 'HOLLYWOOD'만 남게 되었지요. 지금은 로스앤젤레스에서 시의 상징으로 관리하고 있답니다.

할리우드의 역사, TCL 차이니즈 시어터

할리우드 대로에는 'TCL 차이니즈 시어터'라고 불리는 중국식 사원 건축의 극장이 있어요. 1927년 미국의 극장 왕 시드 그라우만이 세웠지요. 아카데미 수상식이나 유명한 영화의 시사회가 열리는 등 할리우드의 역사가 고스란히 담긴 공간입니다. 극장 앞에는 손과 발, 사인이 새겨진 약 200개의 돌이 놓여 있어 관광객들이 끊이질 않는답니다.

스타의 흔적, 명예의 거리

명예의 거리는 TCL 차이니즈 시어터의 할리우드 대로에서 시작하여 약 2km의 길이까지 펼쳐져 있어요. 이 거리의 바닥에는 대리석과 청동으로 된 별이 새겨져 있는데, 별 안에는 유명인들의 이름과 마크가 새겨져 있지요. 마크는 다섯 개 분야로 나뉘는데 카메라는 영화, TV는 텔레비전, 레코드는 음악, 마이크는 라디오를 상징한다고 해요. 이곳에 이름이 오르는 것은 연예인에게는 최고의 명예로 여겨지지요.

1950년대 할리우드 산업이 죽어 가고 있을 때, 한 가게 주인이 주변 가게들과 힘을 모아 거리에 별을 박기 시작한 것이 계기가 되었어요. 지금은 투표에 의해 매년 한 명씩 선정한 연예인의 이름을 새기고 있어요. 1978년에는 로스앤젤레스의 역사 문화 기념물로 지정되었답니다.

대중에게 공개된 유니버설 스튜디오

유니버설 스튜디오는 할리우드 북쪽에 자리 잡은 영화 촬영장이에요. 처음에는 영화를 찍는 촬영장 중 하나였지만, 지금은 분장실과 다양한 영화의 세트 및 특수촬영 장면이나 쇼를 볼 수 있는 일종의 테마파크로 발전했답니다. 이곳에 가면 트램이라는 안내 버스를 타고 영화 속에 등장했던 세트를 돌아보거나 실제 촬영 모습을 관람할 수 있어요. 또 재난의 공포를 체험하는 코스, 동물들의 묘기나 스턴트쇼 등을 관람하는 코스도 있답니다. 할리우드를 찾는 많은 관광객을 위해 마련했다고 하네요.

● 아름다운 야외 원형 극장, 할리우드 볼

할리우드 볼은 18,000명 이상의 관객을 수용할 수 있는 야외 원형 극장이랍니다. 미국에서 가장 큰 자연 속 야외 공연장이지요. 울퉁불퉁한 지형을 활용해서 음향 효과를 최대로 올릴 수 있도록 설계된 공연장으로, 1922년에 처음 문을 열었어요. 무대를 덮고 있는 아치 모양의 조가비와 풍선 모양의 객석이 자랑거리입니다. 할리우드 볼에서는 클래식, 재즈, 팝, 록 등 다양한 장르의 공연이 열린답니다. 여름에는 멋진 불꽃놀이도 펼쳐지지요.

골든라즈베리상

1928년에 시작된 아카데미 시상식은 영화를 만드는 모든 사람의 꿈이에요. 하지만 해를 거듭할수록 돈과 권력에 영화 심사의 기준이 흔들리면서 일부 영화인들의 따가운 질타를 받아왔어요. 그래도 권위 있는 아카데미 시상을 함부로 비판하기는 힘들었답니다.

그러던 중 1981년 아카데미 시상식 전날인 3월 31일, 작가인 존 윌슨의 집에서 30여 명의 사람이 모여 '최악의 영화상'을 시상하는 해프닝을 벌였습니다. 이 해프닝이 언론에 알려지면서 오늘과 같은 '골든라즈베리상'으로 정착되었어요. 지금도 매년 미국에서 한 해 동안 제작된 영화들 중 최악의 영화와 최악의 배우를 선정하여 상을 수여하고 있어요. 최악으로 선정된 영화에는 플라스틱에 금색 페인트를 칠해 골프공 크기의 나무딸기 열매가 장식된 트로피를 준답니다.

카리브해의 진주, 아바나
다른곳 8

17 Day
카리브해의 진주
아바나

아바나는 '카리브해의 진주'라고 불리는 쿠바의 수도랍니다. 1492년 크리스토퍼 콜럼버스가 쿠바를 발견한 뒤로 쿠바는 중앙아메리카로 떠나는 탐험의 중심지가 되었지요. 훼손되지 않은 원시 자연, 중남미 원주민부터 흑인 노예의 후손까지 다양한 인종이 공존하는 나라 쿠바는 1959년에 혁명으로 사회주의 국가가 되었어요.

읽으면서 찾아보아요

- 쿠바의 한 어부를 모델로 쓴 헤밍웨이의 작품은 무엇인가요?
- 중남미 나라들의 혼혈문화의 특징이 잘 살아있는 쿠바의 춤은 무엇인가요?

 카리브해의 최대 도시, 아바나

카리브해 지역의 최대 도시인 아바나는 1492년 콜럼버스가 신대륙을 발견한 이래로 아메리카 정복과 지배를 위한 스페인의 전초 기지였답니다. 400여 년 동안 스페인의 지배를 받은 아바나는 식민지 시대의 유적이 그대로 유지되고 있는 구시가지와 현대적인 건축물이 즐비한 신시가지로 구분되는데, 구시가지는 1982년 유네스코 세계 유산에 등재되었어요. 아바나는 오랫동안 쿠바의 중심지 역할을 하는 동안 혁명과 내전 같은 어려운 일이 많이 일어났던 곳이기도 해요.

 18세기 바로크 양식, 아바나 대성당

구시가지에 있는 아바나 대성당 광장은 아름다운 건물과 분위기 좋은 카페 그리고 심금을 흔드는 쿠바 음악으로 사람들의 마음을 사로잡는 곳이랍니다. 아바나 대성당은 18세기 바로크 양식으로 지어진 건축물로 국립 기념관으로 지정되었을 뿐만 아니라 아메리카 대륙에서 가장 아름다운 건물로 손꼽히고 있지요.

쿠바를 사랑한 용기 있는 작가, 헤밍웨이

아바나는 수많은 예술가에게 극찬받았던 도시였어요. 《무기여 잘 있거라》, 《누구를 위하여 종을 울리나》, 《노인과 바다》 등을 쓴 헤밍웨이도 쿠바에 머물며 많은 작품을 썼어요. 특히 1954년 노벨 문학상을 타는 데 큰 공을 세운 《노인과 바다》는 쿠바의 한 어부를 모델로 삼아 모두의 관심을 끌었답니다.

1899년에 미국에서 태어난 헤밍웨이는 제1차 세계 대전부터 스페인 내전, 제2차 세계 대전에 이르기까지 군인이나 기자로 참가했어요. 그래서 그의 작품에는 전쟁 상황에 놓인 인간의 모습을 다룬 작품이 많아요. 그는 여러 전투에 직접 뛰어들어 작품을 썼던 용기를 가진 작가로 평가되고 있답니다. 헤밍웨이는 남은 생을 쿠바에서 보내고 싶어 했지만, 쿠바 혁명 때문에 머무를 수 없었어요. 그는 심한 우울증에 시달리다가 1961년 스스로 목숨을 끊었어요.

카리브해 원주민의 애호품, 시가

시가는 굵은 원통형으로 말아 놓은 담배랍니다. 담뱃잎의 주요 생산지인 쿠바의 시가는 전 세계적으로 유명하지요. 마야 말에서 따온 '시가'는 '담배를 피우다'라는 뜻으로, 주로 쿠바를 비롯한 중앙아메리카에서 재배했어요. 오늘날 면 필터가 들어 있는 담배는 러시아에서 처음 만들었기 때문에 '러시아식 담배'라고 불러요.

쿠바에서 탄생한 살사 춤

스페인 말로 '양념'이라는 뜻을 지닌 살사 춤은 1950년대에 미국 동부로 이주한 쿠바 사람과 푸에르토리코 사람들이 유행시킨 춤이에요. 8박자의 리듬을 가진 살사는 중남미 나라들의 혼혈문화(아프리카와 유럽, 아메리카 문화가 함께 섞여 있는 문화)의 특징이 잘 살아 있답니다. 여러 가지 동작이 복잡하게 이어져서 화려하고 신나는 춤이지요.

쿠바 음악의 전통, 부에나 비스타 소셜 클럽

쿠바 혁명 이후 쿠바 음악이 모두에게 잊혀지고 있을 때 미국인 기타리스트이자 프로듀서였던 라이 쿠더는 숨겨진 쿠바의 음악가들을 찾아나섰어요. 그리고 그들을 한자리에 모아 단 6일만에 '부에나 비스타 소셜 클럽'이라는 음반을 녹음했지요. 이 앨범은 전 세계에서 수백만 장이 팔렸으며, 1999년에 다큐멘터리도 만들어져 전 세계에 많은 감명을 주었답니다.

강대국이 탐내던 섬나라, 쿠바

18세기에 쿠바는 세계 설탕의 3분의 1을 만들어 내면서 크게 번성하기 시작했어요. 하지만 쿠바를 지배하던 스페인은 식민지였던 쿠바를 힘들게 했지요. 1868년, 쿠바는 독립을 부르짖기 시작했어요. 1989년 쿠바와 미국이 힘을 모아 스페인으로부터 독립했지만, 그 뒤 50년 이상 썩은 정치 제도와 불안한 정치적 상황 덕분에 결국 혁명이 일어났어요. 1958년 정권을 잡은 피델 카스트로는 쿠바에 있는 모든 미국 회사의 재산을 빼앗고 소련(지금의 러시아)의 도움을 받았어요. 이 때문에 미국과 사이가 나빠졌지요. 하지만 소련이 무너지고 나서 지금은 문화가 많이 개방되어 쿠바로 여행도 할 수 있게 되었답니다.

암호의 도시, 쿠스코 다른곳 8

18 Day
암호의 도시 쿠스코

페루에 있는 쿠스코는 베일에 싸인 잉카 제국의 수도였어요. 잉카 제국에서 쓰던 케추아 말로 '한가운데'란 뜻을 가지고 있지요. 쿠스코는 안데스산맥의 해발 3,999m에 있어요. 1533년 스페인 군대가 쿠스코에 도착했을 때 아름다운 풍경과 커다란 신전을 보고 매우 놀랐다고 해요. 1650년에 지진이 일어나 많이 파괴되었고, 그 이후 지금과 같은 유럽식 건물이 들어섰답니다.

읽으면서 찾아보아요

- 잉카의 공중 도시는 어디인가요?
- 태양신에게 풍년을 기원하는 제사는 무엇인가요?
- 스페인 군대가 죽인 잉카의 마지막 왕자는 누구인가요?

 잉카의 공중 도시, 마추픽추

마추픽추는 쿠스코에서 북서쪽으로 80km 떨어져 있는 우루밤바 계곡에 있는 요새 도시예요. 1911년 예일대학교 교수였던 하이럼 빙엄이 처음 발견했어요. 높이 2,400m의 고지에 돌로 만든 성곽이 솟아 있고, 그 가운데 원탑과 계단 터가 남아 있답니다. 두 봉우리 사이의 높은 계곡이 있는 마추픽추를 '공중 도시'라고도 부르는데 누가, 언제, 왜, 어떻게 세웠는지는 아무도 모른대요. 다만 이곳에서 나오는 유물 대부분이 잉카 것이라서 스페인 군대에 쫓기던 잉카 사람 몇 명이 이곳에 숨어들어 지냈을 거라고 생각하고 있어요. 1983년 가장 놀라운 도시 창조물이라는 평가를 받으며 유네스코 세계문화유산으로 등재되었답니다.

세계에서 가장 높은 호수, 티티카카호

서울 면적의 14배쯤 되는 거대한 호수 티티카카호는 해발 3,810m에 있는, 세계에서 가장 높은 호수예요. 평균 물 깊이가 107m쯤이고, 가장 깊은 곳은 281m나 된다고 해요. 티티카카호는 남아메리카의 문명이 생겨난 곳이랍니다. 호수에 사는 아이마라족은 '토토라'라는 갈대를 말려서 만든 깔개에서 사는데, 물 위에 떠다니는 갈대 섬처럼 생겼어요.

세계에서 가장 큰 그림, 나스카 라인

나스카 북쪽 평원에는 300m 높이에서 바라봐야 보이는 커다란 문양이 200개가 넘게 그려져 있어요. 그림 1개가 100~300m에 이르고 어떤 직선은 자그마치 8km나 된답니다. 누가 왜 그렸는지 모르는 이 암호 같은 문양을 '나스카 라인'이라고 해요. 벌새, 고래, 원숭이, 거미, 나무 등과 소용돌이 직선, 삼각형 등이 그려져 있는데, 잉카 시대 이전에 그려졌어요.

태양신에게 풍년을 기원하는 인티라이미

해마다 6월이 되면 돌 사이에 면도칼도 들어가지 않을 정도로 단단하게 쌓아 만든 삭사이우아만에서 '인티라이미'라는 태양제가 열린답니다. 인티라이미는 풍작을 빌며 태양신에게 감사를 드리는 제사예요. 태양제 전날 밤에 아르마스 광장에 모여 불을 모두 끄고 새벽 동이 틀 때까지 기다리지요. 태양이 떠오르면 왕이 제단에 올라가 양손을 번쩍 들어 올리고, 사람들은 모두 무릎을 꿇고 환호하면서 찬양의 노래를 불러요. 라마를 제물로 바치는데, 이때 라마의 심장에서 나오는 피 색깔을 보고 그해의 풍작과 흉작을 점쳤다고 해요.

잉카 사람들과 함께 제국을 누비던 라마

라마는 남아메리카에서 기르는 낙타과의 동물이에요.  잉카 사람들은 마차와 같은 탈것이 없어 모든 물건을 라마의 등에 싣고 날랐지요. 라마는 잉카 사람들에게 고기, 가죽과 털 그리고 연료 등을 주는 중요한 역할도 했어요.

끈에 매듭을 만들어 사용한 문자, 키푸

잉카 제국은 남아메리카의 큰 제국을 세우고 공용어인 케추아어를 널리 퍼뜨렸어요. 그러나 정확한 기록을 남길 수 있는 문자가 없었답니다. 그 대신 끈이나 띠에 매듭을 지어 기호로 사용한(결승문자) '키푸'라는 문자가 있었어요. 키푸는 주로 양털이나 솜으로 만들었는데, 끈의 색깔과 굵기, 매듭의 횟수 등에 따라 의미가 달랐답니다.

입에서 입으로 전해지는 전설의 잉카

잉카 제국은 콜럼버스 이전 시대의 아메리카에서 가장 거대한 제국이었어요. 잉카의 역사는 정확한 기록을 남길 수 있는 문자가 없었던 탓에 사람들의 입에서 입으로 전해졌지요.

잉카 제국은 '망코 카팍'이란 왕이 태양신을 섬기면서 다른 부족을 정복해 세웠어요. 잉카 제국은 그들의 왕을 '태양의 아들'이라고 불렀지요. 잉카 제국은 15세기에 파차쿠티 시대에 가장 번성했는데, 다른 민족과의 전쟁에서 이겨 잉카 제국이 사방으로 뻗어나가게 되었어요.

잉카 제국은 아타우알파가 13대 왕이 되었을 때 점점 무너지기 시작되었어요. 1533년 8월, 페루 북부 해안 지대에 닿은 스페인 군대가 당시 아타우알파 왕자를 처형하면서 잉카 제국은 역사의 뒤안길로 사라졌답니다.

사랑과 정열의 도시, 리우데자네이루

다른 곳 8

19 Day
사랑과 정열의 도시
리우데자네이루

읽으면서 찾아보아요

리우데자네이루는 브라질의 도시예요. 1960년 브라질리아가 브라질의 수도가 되기 전까지 브라질의 수도였지요. 리우데자네이루는 '1월의 강'이란 뜻이에요. 처음 이곳을 발견한 포르투갈인이 강으로 착각할 만큼 육지 안으로 깊게 파인 구아나바라만과 아름다운 항구를 품고 있지요. 리우데자네이루는 이탈리아의 나폴리, 호주 시드니와 더불어 세계 3대 항구로 불리며, 화려한 삼바 춤으로 유명한 관광지이기도 해요. 리우라고도 불리는 이 도시는 2012년 유네스코 세계문화유산에 등재되었어요.

- ☐ '리우데자네이루'의 뜻은 무엇인가요?
- ☐ 브라질의 대표적인 춤은 무엇인가요?

삼바! 삼바! 리우 카니발

리우 카니발은 브라질의 대표적인 축제예요. 1850년에 귀족들이 자기들만의 화려한 행진을 하자, 서민들이 모여 아프리카 음악에 맞춰 춤을 추면서 행진하는 시끌벅적한 거리 축제를 만들었어요. 축제에서는 몇백 명의 여성들이 화려한 반짝이가 달린 옷을 입고 20킬로그램은 나갈 듯한 머리 장식을 쓰고 신나게 삼바 춤을 추는 모습을 볼 수 있답니다. 매년 2월, 리우 카니발이 열리면 세계 곳곳에서 수많은 사람들이 이곳으로 모여들어요.

리우의 매력덩어리, 팡데아수카르

팡데아수카르는 리우로 들어가는 바다 위에 달걀 모양으로 서 있는 화강암과 석영으로 된 바위산이에요. 마치 설탕을 쌓아 놓은 것 같은 모양 때문에 슈거로프산이라고도 불려요. 높이가 396m로 구아나바라만의 봉우리 중 가장 뾰족하게 서 있어 바다에서 리우를 알아보는 표지이기도 해요. 이곳에서 바라보는 리우의 모습은 감탄이 절로 나올 만큼 아름다워 늘 많은 관광객이 몰려든답니다.

 리우의 상징, 코르코바도의 구원의 예수상

해발 약 700m의 코르코바도산의 꼭대기에서 양팔을 벌리고 서 있는 커다란 그리스도 동상은 리우의 상징이랍니다. 높이 38m, 양팔의 길이 28m로 1931년 브라질 독립 100주년을 기념하려고 세웠지요. 2008년과 2014년에 벼락이 떨어지며 조각상 일부가 떨어져 나가는 일이 생겼어요. 대대적인 복구공사로 다시 원래의 모습을 찾았지만, 워낙 높은 곳에 세워져서 강풍과 풍화, 낙뢰로 인해 주기적인 보수공사가 필요하다고 합니다.

월드컵에서 여러 번 우승한 브라질 축구

브라질을 상징하는 세 가지를 꼽자면 삼바, 축구, 커피를 들 수 있어요. 축구는 브라질의 국민 스포츠로 1890년대 영국과 네덜란드 선원들로부터 전해진 뒤 빠르게 퍼져 갔답니다. 브라질과 아르헨티나에서는 축구를 정치에 이용할 만큼 국민의 사랑을 받고 있어요. 이런 축구에 대한 열정이 월드컵에서 무려 5번이나 우승을 차지하는 성적을 냈답니다. 브라질 축구를 세계에 널리 알리는 데 큰 역할을 한 사람으로는 펠레 선수를 꼽을 수 있어요. 재능이 뛰어난 브라질 선수들은 지금도 전 세계 축구계를 떠들썩하게 하고 있답니다.

세계 인구의 반이 마시는 브라질 커피

브라질 커피는 세계 커피 생산량 가운데 50%를 차지할 만큼 유명하답니다. 브라질이 커피를 만들어 내기 좋은 땅과 기후를 갖고 있기 때문이지요.

브라질식 바비큐, 슈하스코(추라스코)

슈하스코는 브라질의 전통요리예요. 원래 가축을 돌보던 가우초들이 즐겨 먹던 음식으로 1m쯤 되는 긴 쇠꼬챙이에 쇠고기, 닭고기, 돼지고기, 파인애플 등을 끼워 숯불에 천천히 구운 것이랍니다. 브라질에서는 집마다 슈하스코를 구울 수 있는 화덕이 있을 만큼 중요한 요리예요.

슬픔과 그리움을 춤으로 승화시킨 삼바

16세기 남아메리카에 도착한 포르투갈 사람들은 원주민인 인디오를 몰아내고 넓고 기름진 땅에 농장을 만들었어요. 하지만 일손이 부족해지자 아프리카의 콩고나 앙골라에서 흑인들을 노예로 부리기 위해 강제로 끌고 왔답니다. 무자비한 노동에 혹사당하던 노예들이 고통을 잊기 위해 고향 특유의 리듬에 맞춰 추던 춤에서 삼바가 유래되었습니다. 삼바는 아프리카의 전통 춤에 유럽의 폴카, 마시시 등 다른 장르의 춤이 혼합되면서 완성되었답니다. 19세기 리우에서 큰 인기를 끌게 되었고, 리우 카니발을 대표하는 춤이 되었어요.

아프리카 최대 도시, 카이로

다른곳 8

20 Day
아프리카 최대 도시 카이로

카이로는 아프리카 대륙에서 가장 큰 도시이자 1,000년 이상의 역사를 자랑하는 이집트의 수도랍니다. 아랍 말로는 '카히라'라고 하는데, '승리'라는 뜻이에요. 고대 이집트의 발전된 문물이 이곳에 모여 있어 고고학을 공부하는 사람들에게는 꿈의 도시이기도 합니다.

읽으면서 찾아보아요

☐ 사자의 몸에 왕의 얼굴을 한 동상은 무엇인가요?
☐ 세계에서 가장 긴 강의 이름은 무엇인가요?
☐ 고대 이집트에서 종이로 사용했던 것은 무엇인가요?

공포의 문지기, 스핑크스

이집트의 스핑크스는 왕의 권력을 상징하기 위해 만든 조각상으로, 사람의 머리와 사자의 몸을 가지고 있어요. 자연암석을 이용하여 조각한 것인데, 전체 길이가 약 70m, 높이가 약 20m, 얼굴 너비가 4m나 된답니다. 얼굴이 파손되어 있는데, 이집트 카프레왕의 생전 얼굴이라고 해요. 이 스핑크스는 태양신의 상징이기도 합니다.  스핑크스는 이집트와 그리스, 아랍으로부터 전해져 동남아시아 쪽에서 여러 형태로 발견되었어요. 주로 왕릉과 사원 앞에 배치되어 문지기의 역할을 했답니다.

 세계 최고의 불가사의, 기자의 피라미드

이집트의 피라미드는 전 세계의 피라미드 중에서도 가장 유명한데, 특히 기자에 있는 대(大) 피라미드는 세계 7대 불가사의로 꼽히기도 해요. 이 피라미드는 쿠푸 왕의 무덤으로 알려져 있는데, 원래 높이가 148m에 이르지만 석회석이 모두 벗겨져 지금은 138m 정도라고 해요. 피라미드를 만든 방법에 대해서는 아직 확실히 밝혀지지 않았어요. 그리스 역사학자 헤로도토스가 남긴 기록에 따르면 이 피라미드를 세우는 데 20년 넘게 걸렸고 성인 남자 10만 명이 일했다고 해요.

신비의 베일을 벗겨 준 파라오, 투탕카멘

황금 데스마스크(사람이 죽은 다음 얼굴 모습을 본떠 만든 가면)로 유명한 투탕카멘의 무덤은 영국의 고고학자 하워드 카터가 1922년 11월에 발견했어요.  이 무덤의 발견은 20세기 고고학이 이룬 커다란 업적이었지요. 9년이란 짧은 재위 기간과 특별한 업적이 없던 투탕카멘의 무덤은 3,000년 전 파라오에 대한 중요한 자료가 되었어요. 대부분의 파라오 무덤은 일찍이 도굴당했지만, 그의 무덤은 두꺼운 돌무더기에 덮여 있어 온전히 보존되었기 때문이랍니다.

고대 이집트의 종이, 파피루스

파피루스는 고대 이집트 시대부터 로마 제국 때까지 널리 쓰던 종이랍니다. 식물의 줄기를 펴서 만든 것으로, 지금 우리가 쓰는 종이와는 달랐어요. '파피루스'는 나일강 근처에서 자라는 식물인데, 고대 이집트 사람들은 파피루스를 먹기도 하고 천, 방석, 밧줄, 종이 등을 만드는 데 썼어요.

세계에서 가장 긴 나일강

길이가 6,650km나 되는 나일강은 아프리카 대륙 남부의 빅토리아 호수에서 북쪽의 지중해 쪽으로 흐르는 강이에요. 나일강의 가장 큰 특징은 물이 불어나는 '범람'이에요. 엄청난 양의 비가 쏟아지면 나일강이 범람하는데, 그 이후에 물이 빠지면 농사짓기에 알맞은 땅이 되었지요. 이집트 사람들은 나일강의 범람을 모든 생명의 시작으로 여겼답니다.

이집트의 전통 춤, 벨리댄스

'배꼽춤'이라고 알려진 벨리댄스는 이집트의 전통 춤이에요. '벨리'란 배꼽 아래 볼록하게 나온 아랫배를 가리키는 말로, 아이를 많이 낳는 것과 행복을 비는 마음이 들어 있어요. 제18왕조(기원전 1539~1292년) 시대의 무덤 벽화에 나올 정도로 오래됐답니다. 화려한 벨리댄스는 여성의 매력을 한껏 표현하는 춤으로 유명해요.

고대 이집트의 절대 권력자, 파라오

'파라오'는 고대 이집트의 정치적·종교적 최고 통치자로서 '두 땅의 주인'이라는 칭호와 '모든 사원의 수장'이라는 칭호를 겸하고 있었어요. 이 말은 신왕국 시대인 제18왕조 때 왕을 의미하는 말로 쓰기 시작했지요.

파라오가 죽으면 약 70일에 걸쳐 미라로 만들어서 피라미드에 넣었답니다. 미라는 사람이나 동물의 시체가 썩지 않은 채로 보존하는 것인데, 파라오의 영혼이 자기 몸으로 돌아와 다시 살아나려고 할 때 몸이 썩어 있으면 안 되기 때문에 만든 거예요. 사람이 죽은 뒤에도 다음 세상이 있다고 믿었기 때문이에요. 미라에는 파라오의 생전 모습과 똑같이 생긴 마스크를 만들어 씌워 죽은 영혼이 부활할 때 알아볼 수 있도록 했어요. 또 피라미드에는 왕에게 필요한 모든 생활용품을 같이 넣어 두었답니다.

야생 동물의 천국, 나이로비

다른곳 8

21 Day
야생 동물의 천국 나이로비

내륙으로 갈수록 고도가 높아져 고원을 이루는 케냐는 아프리카 대륙 동부에 위치한 나라로 적도가 중앙부를 통과해요. 케냐의 수도인 나이로비도 1,676m의 고원에 있지요. 이런 지형 덕분에 케냐는 야생동물들이 서식하기 좋은 자연환경을 갖추고 있어 수많은 국립공원이 있어요. 국립공원들은 저마다의 특징을 가지고 있답니다.

읽으면서 찾아보아요

- 야생 동물의 천국인 케냐의 수도는 어디인가요?
- 마사이족 남자들이 꿈꾸는, 용감한 전사를 가리키는 이름은 무엇인가요?

🟢 빈부의 격차가 큰 나이로비

케냐의 수도인 나이로비는 기름지고 나무가 많은 곳으로 옛날에는 마사이족의 땅이었답니다. 나이로비는 마사이족이 붙인 '엔카레 나이로비'라는 이름에서 생겨났는데, '시원한 물'이라는 뜻이라고 해요.

나이로비는 아프리카에서 손꼽히는 대도시이지만, 시민의 절반 이상이 슬럼가에 모여 살아요. 나이로비의 슬럼가는 전 세계적으로 악명이 높지요. 1963년 영국으로부터 독립했지만, 공식 언어가 영어와 스와힐리어일 정도로 아직 영향을 많이 받고 있어요. 가까이에 있는 나이로비 국립공원은 사람들이 많이 찾는 야생 동물 보호 구역이랍니다.

 헤밍웨이도 감탄한 암보셀리 국립공원

소설가 헤밍웨이는 지금의 암보셀리 국립공원에서 사냥하면서 《킬리만자로의 눈(雪)》(1936년)을 썼다고 해요. 물론 지금은 사냥이 금지되었고, 1974년 국립공원이 되었어요. '암보셀리'는 마사이족 말로 '소금기 많고 먼지 많은 땅'이란 뜻이에요. 킬리만자로 산에서 눈이 녹은 물이 많이 흘러서 야생 동물이 살기에 알맞은 땅이 되었다고 해요.

아프리카의 만년설 지붕, 킬리만자로 산

탄자니아와 케냐의 국경에 있는 킬리만자로 산은 키보, 마웬지, 시라의 세 개의 화산으로 이루어져 있어요. 높이가 5,895m인 키보 화산은 아프리카에서 가장 높은 산이죠. 1848년 선교사였던 요하네스 레브만과 루드비히 크라프가 유럽인으로는 처음 발견했는데, 아무도 적도 지방에 만년설로 덮인 산이 있다는 것을 믿지 않았대요. 지금은 기후변화로 80% 이상의 빙하가 사라졌다고 해요.

모란을 꿈꾸는 마사이족

마사이족은 아프리카 동부 케냐와 탄자니아 경계의 가시나무가 많은 초원에 거주하는 주민이에요. 케냐에서 여섯 번째로 큰 부족인 마사이족은 빨간 천을 두르고 다니는 것이 특징이랍니다. 빨간색은 마사이족의 용맹함을 나타내지요. 19세기에 상아를 찾기 위해 아프리카를 찾은 사람들은 사나운 마사이족 때문에 케냐 남부 지방을 자유로이 다닐 수 없을 정도였어요.

마사이족 남자들은 '모란'이라고 부르는 용감한 전사가 되기 위해 열두 살 때부터 고된 훈련을 받는답니다. 전통 춤도 무척 독특한데, 주로 깡충깡충 뛰어오르며 춤을 추지요. 이 춤은 높이 뛰어올라 사냥감을 찾고 적을 미리 찾아내는 모습을 나타낸 것이랍니다. 마사이족은 자존심도 강해서 식민지 시대에 노예가 되면 스스로 목숨을 끊었다고 해요.

 동물들의 놀이터, 마사이 마라 국립 보호 구역

마사이 마라는 케냐에서 가장 멋진 곳으로 손꼽히는 야생 동물 보호 구역이에요.  케냐에서 가장 많은 야생동물이 서식하는 곳으로 누와 얼룩말의 대규모 이동을 관찰할 수 있는 유명한 사파리랍니다. 마사이 마라는 마라강을 따라 움직이는 동물 떼로 유명해요. 주로 7월에서 10월에 옮겨 가는데, 이때 이동하는 동물의 수가 자그마치 50만 마리나 된다고 하니 정말 볼 만하겠죠?

야생 동물의 천국, 케냐

야생 동물의 천국인 케냐는 19세기까지 거의 알려지지 않았답니다. 19세기 아라비아 장사꾼과 스와힐리 말을 쓰는 사람들이 상아를 찾아 케냐로 오면서 알려지기 시작했어요. 1920년부터 영국 식민지가 되었다가 1963년에 독립했지요.

'케냐'라는 국명은 케냐 내에서 최고봉이며, 아프리카에서 킬리만자로에 이어 두 번째로 높은 봉인 케냐산에서 따온 것이에요. 케냐는 적도에 있지만, 높은 곳에 있어서 덥지 않고 동물이 살아가기 좋은 환경이에요. 그래서 케냐에는 11개의 사파리 공원을 가지고 있을 정도로 야생 동물 보호 구역이 많답니다. 주로 사자, 표범, 들개, 코끼리, 물소, 코뿔소, 얼룩말, 앤틸로프, 가젤, 영양, 하마, 악어 등이 많이 살아요.

신사의 도시, 런던
다른곳 8

22 Day
신사의 도시 런던

영국은 유럽 대륙의 북서부에 위치한 섬나라예요. 잉글랜드, 스코틀랜드, 웨일스, 북아일랜드로 네 개의 구성국이 연합해 형성한 국가랍니다.

런던은 2,000년의 오랜 역사를 간직하고 있는 영국의 수도예요. 약 900만 명의 인구가 모여 사는 거대한 도시지요. 유럽의 작은 섬나라 영국이 세계 최강의 대영제국이 되기까지 런던에서 모든 것이 이루어졌다고 말할 수 있을 만큼 중요한 도시랍니다.

읽으면서 찾아보아요
- 2012년에 빅 벤의 바뀐 이름은 무엇인가요?
- 영국의 왕실을 지키는 근위병의 특징은 무엇인가요?

영국의 상징, 빨간 이층버스
영국은 '더블데커'라는 빨간색 이층버스로도 유명하답니다. 하지만 이층버스는 단지 많은 사람을 태우고 달리기 위해 만들었을 뿐이에요. 과거 영국의 식민지였던 인도, 홍콩, 호주 등과 같은 곳에는 아직도 이 빨간 이층버스가 많이 남아 있답니다.

영국 왕실의 상징, 웨스트민스터 대성당
웨스트민스터 대성당은 영국 왕실의 대관식이나 결혼식 등의 행사가 진행되는 곳으로 유명해요. 13세기에 짓기 시작해서 1745년 레이디채플(성당에 부속된 성모 예배당)을 완성하며 건축을 마무리한, 영국의 자랑스러운 고딕 건축물입니다. 이곳에서 39명의 국왕과 여왕이 대관식을 치렀다고 해요. 또 영국의 왕족을 비롯해 영국을 빛낸 음악가, 기사, 배우 등 3천여 명이 잠들어 있는 곳이기도 합니다. 1987년에 유네스코 세계문화유산으로 등록되었어요.

정치의 대학당, 국회의사당과 빅 벤
런던의 템스 강가에는 옛날 대영제국을 만들었던 영국의 국회의사당이 있어요. 700년의 역사를 가진 국회의사당 건물은 1834년 화재로 없어졌다가 1860년에 지금의 모습으로 다시 지어졌지요. 정면의 길이는 265m나 되고, 1,000개의 방이 있으며, 복도의 길이만도 3.2km에 이른다고 해요. 꼭대기 방에 불이 켜져 있으면 국회의원들이 지금 회의하고 있다는 뜻이래요. 이 국회의사당에는 시계탑이 하나 있는데 이것을 '빅 벤'이라고 해요. 높이가 95m로 멀리서도 잘 보인답니다. 2012년 엘리자베스 2세의 즉위 60주년을 기념하여 '엘리자베스 타워'로 이름을 바꾸었답니다.

명탐정 셜록 홈스
셜록 홈스라는 영국의 명탐정은

전 세계적으로 유명한 인물이지만, 실제 인물은 아니랍니다. 작가 아서 코난 도일이 1887년 《주홍색의 연구》라는 소설에 처음 등장시킨 가상의 인물이에요. 작가는 자신의 선생님이던 에든버러 대학 의학부의 벨 박사에게 힌트를 얻어 셜록 홈스를 만들어냈다고 해요. 하지만 작품이 많은 사람의 사랑을 받으면서 실제 인물이라고 믿는 사람들이 점차 늘어났어요. 태어난 지 100년도 넘은 명탐정 셜록 홈스의 인기는 지금도 식지 않았답니다.

왕실을 지키는 군인, 근위병

영국의 근위병은 길고 검은 털모자와 빨간 제복, 눈썹 하나 움직이지 않을 것 같은 부동자세가 특징이에요. 영국은 국왕이 있는 나라이기 때문에 왕실의 근위병이 아직도 남아 있어요. 특히 버킹엄궁의 근위병 교대식이 유명하지요. 근위병들은 사람들의 시선을 막기 위해서 털모자를 눈가까지 푹 눌러 써요.

대영 제국의 영광을 보여주는 다리, 타워브리지

1894년에 영국의 최첨단 기술과 아름다운 예술적 감각을 결합하여 세운 타워브리지는 큰 배가 지나가면 무게 1,000톤의 다리가 5분 동안 양쪽으로 갈라져서 올라가요. 높이가 약 42m나 되어 배도 지나갈 수 있다고 해요. 옛날에는 배가 템스강까지 올라왔기 때문에 하루 50번 이상 갈라졌다고 해요. 19세기 말에서 20세기 초까지 전 세계 무역의 41%를 차지했던 대영 제국의 전성기를 보여주는 다리랍니다.

대중교통이 시작된 나라, 영국

영국은 버스, 지하철과 같은 대중교통이 최초로 시작된 나라예요. 1801년에 영국의 기계기술자 트레빅식이 증기 기관차를 개발한 후, 1826년에 핸목이 만든 10대의 증기자동차 버스가 영국 런던 시내와 첼트넘 사이를 정기적으로 운행하며 역사상 최초로 실용화된 자동차가 되었어요.

그 당시에는 밤이 되면 사람이 자동차보다 조금 앞에서 등불을 들고 달렸다고 해요. 당시 증기 버스의 최고 속도가 시속 6.4km밖에 안 됐거든요. 사람이 달리는 속도가 시속 8~12km이고 걷는 속도가 시속 4km 정도이니 증기 버스는 걷는 사람보다 빠르고 달리는 사람보다 훨씬 느렸던 거예요. 지하철도 영국에서 처음 만들었는데, 1863년 패딩턴의 패링던 거리에서 비숍 거리까지 6km 정도의 구간에 운영되던 증기 열차가 세계 최초의 지하철이랍니다.

이야기가 있는 도시, 에든버러
다른 곳 8

23 Day
이야기가 있는 도시 에든버러

에든버러는 영국 스코틀랜드의 수도예요. 수많은 옛날이야기를 간직하고 있는 에든버러성을 중심으로 세워진 도시이지요. 에든버러역에서 바라보는 에든버러시는 가파른 언덕에 높은 건물들이 즐비해 마치 하늘에 떠 있는 도시 같답니다. 에든버러는 역사적인 곳이기도 하지만, 북유럽에서는 아주 중요한 공업도시이기도 해요. 또 해마다 8월에 세계적으로 유명한 여러 악극단이 에든버러로 모여든답니다.

읽으면서 찾아보아요
- 에든버러에서 매년 8월에 열리는 축제는 무엇인가요??
- 킬트 앞에 차고 다니는 가죽 주머니의 이름은 무엇인가요?

스코틀랜드의 심장, 에든버러성

해발 135m로 높이 솟은 바위산인 캐슬록은 오랫동안 이 지역의 요새였어요. 에든버러성은 캐슬록 위에 세워졌는데, 말콤 3세 때부터 이 성에서 왕이 살았다고 해요. 이 성은 적들이 쳐들어오지 못할 만큼 강하고 튼튼한 성으로 유명해요. 에든버러성은 잉글랜드에 대한 스코틀랜드 사람들의 저항정신을 나타내고 있답니다. 잉글랜드는 11세기 이후 세력을 넓히기 위해 스코틀랜드에 끊임없이 쳐들어왔지만, 스코틀랜드는 독립성을 잃지 않고 1371년 스튜어트 왕조를 세웠답니다. 1603년 잉글랜드의 엘리자베스 1세가 자녀 없이 세상을 떠나자, 스코틀랜드 메리 여왕의 아들인 제임스 1세가 잉글랜드와 스코틀랜드의 왕이 되면서 처음으로 두 나라가 잠시 합쳐지기도 했어요. 에든버러성은 현재 군사 박물관으로  쓰고 있는데, 스코틀랜드를 위해 목숨을 바쳐 싸운 많은 사람의 이름이 남아 있답니다.

● 감동과 재미가 있는 에든버러 밀리터리 타투

에든버러에서는 매년 8월이면 3주 동안 에든버러 인터내셔널 페스티벌이 열려요. 에든버러 밀리터리 타투는 이 축제에서도 가장 주목되는 공연으로, 세계적으로도 가장 많이 알려진 군악 축제예요. 스코틀랜드 군악대를 비롯해 전 세계에서 초청된 각 나라의 군악대들이 펼치는 연주 및 무용 공연이지요. 1950년에 처음 시작해서 지금은 텔레비전으로 보는 사람만 해도 1억 명에 이를 정도랍니다. 2003년 공연에서는 한국군의 취타대가 소개되기도 했어요. 200여 명으로 이루어진 고적대(의식 및 행진용 음악대)의 절도 있는 군대 행진곡 연주, 조명을 받은 에든버러성을 뒤로한 채 울리는 백파이프 소리, 30여 나라의 호화로운 군악대 행진이 연출되지요.

가문의 상징, 타탄

타탄은 원래 스코틀랜드의 하일랜드 지방에서 짰던 모직물로, 체크무늬가 특징이에요. 타탄은 오랫동안 귀족 가문을 대표하는 상징으로 쓰였는데, 18세기 이후부터 군복에 쓰이면서 스코틀랜드의 전통 의상이 되었어요. 타탄은 스코틀랜드뿐만 아니라 여러 나라에서 쓰고 있답니다. 세계의 유명 디자이너들이 타탄을 자기 작품에 쓰면서 세계적으로 유명한 무늬로 발돋움하게 되었어요.

남자들이 입는 치마, 킬트

스코틀랜드 남자 전통 의상 가운데 허리에서 무릎까지 오는 치마를 '킬트'라고 해요. 주로 군인이나 높은 지방에 사는 사람들이 입었지요. 느슨한 주름이 잡힌 킬트 앞에는 식량을 넣는 '스포런'이라는 가죽 주머니를 차고 다녔어요. 지금의 스코틀랜드 군복에도 킬트와 스포런을 쓰고 있답니다.

켈트족의 부드러운 선율을 내뿜는 백파이프

백파이프는 영국, 특히 스코틀랜드의 전통 악기로 알려져 있어요. 백파이프는 동물 가죽으로 만든 바람통에 공기를 넣고 바람통에 이어져 있는 선율 관과 베이스 드론 관, 테너 드론 관으로 소리를 내는 악기예요. 유럽에 들어온 것은 9세기쯤으로 추측하고 있어요. 15세기 이후 궁정 음악과 군대 음악에 쓰였답니다.

세계 최고의 공연 축제, 에든버러 인터내셔널 페스티벌

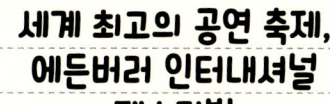

1947년 에든버러에서는 제2차 세계 대전 뒤 전쟁의 상처를 치료하고 활기를 잃은 공연 문화를 되살리고자 다른 나라의 오페라, 연극, 연주단 등을 초청해 축제를 열었어요. 그때 초청을 받지 못한 8개 팀이 에든버러의 거리나 소극장에서 공연했어요. 이것이 에든버러 페스티벌 프린지의 시작이었답니다. 프린지란 '가장자리'란 뜻이에요. 에든버러 인터내셔널 페스티벌은 에든버러 페스티벌 프린지, 에든버러 국제 영화제, 에든버러 북 페스티벌(도서 축제), 에든버러 밀리터리 타투(군악대 축제) 등이 함께 열린답니다. 에든버러 인터내셔널 페스티벌은 훌륭하고 유명한 작품에서부터 실험적인 작품까지 모두 한곳에 모이는 큰 예술 축제로 유명합니다.

바다보다 낮은 도시, 암스테르담   다른 곳 ❽

24 Day
바다보다 낮은 도시 암스테르담

네덜란드의 수도 암스테르담은 17세기 영국, 프랑스, 스페인 등과 세계 경제를 주무르던 항구 도시예요. 역사적으로 강대국의 사이에 있었으면서도 강력한 상업력으로 이들을 견제하며 중립을 지켰답니다. 덕분에 많은 종교인과 예술인들이 암스테르담으로 도망쳐오기도 했어요.

읽으면서 찾아보아요

- 네덜란드의 나라꽃은 무엇인가요?
- 땅이 해수면보다 낮아서 물을 퍼 올리던 장치는 무엇인가요?

◉ 유럽 대륙의 현관, 암스테르담 중앙역

암스테르담의 중앙역(Central Station)은 유럽 대륙과 북유럽 지역을 연결하는 교통의 중심지예요. 하루에 무려 16만 명이 이용하는 크고 아름다운 역이지요. 1889년에 건축가 피에르 카위퍼스가 설계했는데, 건축학적으로 신르네상스 양식으로 지어진 대표적인 건축물 중 하나입니다. 이 중앙역은 도쿄역을 지을 때 모델이 되기도 했답니다. 2000년대에 들어서 지하철과 버스 정류장을 연결하고 2004년에는 국제 고속열차도 들어올 수 있도록 확장하여, 그야말로 유럽 중부 곳곳에 닿을 수 있는 허브 역할을 하고 있지요. 중앙역 앞에는 운하가 있고, 바로 이어지는 담라크 거리를 따라가면 13세기에 바다보다 낮은 암스테르담이 물에 잠기는 것을 막기 위해 댐을 쌓았던 담 광장이 있답니다.

◉ 네덜란드를 빛낸 화가들

네덜란드는 작지만 서양 미술사를 빛낸 화가들이 많은 나라예요. 뛰어난 작품을 많이 남긴 렘브란트, 17세기 사람들의 모습을 생생하게 그렸던 베르메르, 인상파 화가인 반 고흐, 현대 미술과 건축에 큰 영향을 준 몬드리안 등이 있지요. 네덜란드에는 미술 역사 속에 빛나는 예술가들의 흔적이 많이 남아 있어요.

◉ 신부의 지참금이던 튤립

네덜란드의 나라꽃인 튤립은 1550년대에 투르크(지금의 튀르키예)에서 유럽으로 소개된 꽃이에요. 모양과 색깔이 아름다워서 사람들에게 많은 사랑을 받았어요. 1610년쯤에는 튤립 뿌리 한 개가 신부의 지참금이 되기도 했답니다. 1633~1637년 사이에는 튤립 뿌리를 미리 사 놓은 뒤에 비싸게 되팔려는 사재기 현상까지 일어났어요. 이때 많은 사람들이 집과 땅을 팔면서까지 튤립 뿌리를 샀다고 해요.

네덜란드를 지켜 주던 풍차

풍차는 바람이 불면 프로펠러 같은 날개를 움직여 동력을 끌어내는 장치랍니다. 우리나라의 물레방아와 같은 것이지요. 네덜란드의 풍차가 유명해진 것은 국토의 20%가 해수면(바닷물의 표면)보다 낮아서 끊임없이 물을 퍼 올려야 했기 때문이에요. 그래서 운하를 따라 수많은 풍차가 생겼어요. 지금은 전기로 물을 퍼 올리기 때문에 관광 상품으로 몇 개만 남아 있답니다.

 동화 속 주인공 신발 같은 나막신

네덜란드 전통 의상의 특징은 꽃잎을 뒤집은 것 같은 하얀 고깔모자와 나막신이에요. 나무로 만든 신발인 나막신은 가죽신이 너무 비싸서 살 수 없던 서민들이 만든 신발이에요. 가죽신보다 따뜻하고 방수도 잘돼서 지금까지도 많은 농부가 즐겨 신는대요.

눈물 없이 볼 수 없는 안네 프랑크의 일기

유대인인 안네 프랑크는 독일 나치스가 유대인을 박해하자 1933년 가족들과 함께 암스테르담에서 숨어 살았어요. 그곳에서 1944년 8월 독일군에게 발각될 때까지 일기와 동화, 수필 등을 썼지요. 안네는 언니 마고트와 강제 수용소에서 1945년에 세상을 떠났어요. 아버지가 발견한 안네의 일기는 1947년에 출판되어 널리 알려졌답니다.

바다를 주름잡았던 동인도, 서인도 회사

네덜란드 동인도 회사는 동인도 제도(지금의 인도네시아)에서 네덜란드의 무역권을 보호하기 위해 1602년 세운 회사였어요. 서인도 회사는 아프리카, 아메리카에 있는 스페인과 포르투갈의 식민지를 빼앗고 식민지 무역을 하기 위해 1621년에 만들었어요. 동인도 회사는 네덜란드를 상업 제국으로 만들고, 서인도 회사는 노예 사업으로 큰돈을 벌었지요. 하지만 영국과의 향신료 전쟁에서 식민지를 빼앗기는 등 큰 타격을 입고 서인도 회사는 1674년에 결국 사라졌어요. 동인도 회사 역시 많은 빚을 지고 1799년에 없어졌답니다.

예술의 도시, 파리 다른곳 8

25 Day

예술의 도시 파리

파리는 프랑스의 수도로 세계에서 가장 중요하고 매력적인 도시 중 하나예요. 17~18세기에는 '빛의 도시'라는 별명이 붙을 정도였답니다. 파리는 프랑스뿐만 아니라 유럽 전체에서도 상거래나 학문·예술 등이 활성화된 곳으로 인정받는 도시였어요. 파리는 센강을 중심으로 시테섬, 리브코슈, 리브드루아트의 3대 지역으로 구분됩니다.

읽으면서 찾아보아요

- 프랑스 고딕 예술의 절정을 보여 주는 건축물로 시테섬에 있는 성당은 무엇인가요?
- 에펠탑에 철근이 얼마나 들어갔나요?
- 순교자의 언덕이란 뜻으로 예술가들이 즐겨 찾는 지역은 어디인가요?

신에 대한 사랑을 표현한 노트르담 대성당

프랑스 파리의 센강에는 '시테'라는 작은 섬이 있어요. 시테섬은 예술의 도시, 파리가 시작된 장소랍니다. 프랑스 고딕 예술의 절정을 보여 주는 노트르담 대성당도 이곳에 있지요. '노트르담'은 성모 마리아를 높여 부르는 옛 프랑스말로 '우리들의 귀부인'이라는 뜻이에요. 노트르담 대성당은 1163년 모리스 드 쉴리라는 주교가 짓기 시작해서 1345년 완성되었답니다. 18세기 프랑스 혁명 때에는 심하게 부서지기도 했지만, 1804년 나폴레옹의 황제 대관식을 위해 신고전주의 스타일로 고쳐 지어졌고, 1831년 빅토르 위고의 《노트르담의 꼽추》의 인기에 힘입어 원래대로 고쳐 짓기 시작하여 1864년 완공했어요. 2019년 대화재로 납으로 덮인 지붕과 첨탑이 유실되는 대참사를 겪었지요. 성당으로 들어가는 3개의 문과 '장미의 창'이라 불리는 스테인드글라스 창이 유명하답니다.

웃음을 파는 피에로

광대를 의미하는 '피에로'라는 말은 프랑스에서 처음 생겼어요. 피에로는 말을 하지 않고 행동이나 표정으로만 연기하는 것이 특징이랍니다. 주로 공연을 시작하기 전이나 공연 중간의 휴식 시간에 관객들을 웃기는 익살꾼으로 등장하지요. 피에로 분장의 색깔과 행동에 따라 각기 역할이 달라요. 이성적이고 우아한 '화이트페이스(Whiteface)', 빨간 공 모양의 코와 알록달록한 의상을 입고 장난이 많은 '오귀스트(Auguste)', 쓸쓸하고 외로운 '트램프(Tramp)'로 역할이 나뉜답니다.

● 파리의 개선문, 에투알 개선문

개선문은 중요한 사람이나 사건을 기념하기 위해 세우는 건축물이에요. 파리의 샤를 드골 광장 한복판에 는 에투알 개선문이 있 는데, 이것은 1806년에 나폴레옹이 전쟁에서 승 리한 것을 기념하기 위해 세워졌답니다. 제1차 세계 대전에서 승리하고 군인들이 이곳을 행진하며 지나가기도 했어요. 로마 의 개선문을 본뜬 이 문에는 나폴레옹 군 대의 승리 장면과 600여 명의 장군의 이름 이 새겨져 있어요.

프랑스의 상징, 에펠탑

에펠탑은 1889년에 열린 '만국 박람회'를 기념하 기 위해 만들었어요. 귀 스타브 에펠이 세운 에펠 탑은 높이 324m의 철탑 으로, 철근이 무려 7,300톤이나 들어갔다 고 해요. 파리의 경치를 해친다는 이유로 철거될 위기를 겪었지만, 지금은 파리 시 민들의 자랑거리 중 하나랍니다. 제2차 세 계 대전 이후에는 텔레비전 안테나가 덧붙 여져 송신탑의 역할을 하고 있어요.

예술가들의 천국, 몽마르트르

몽마르트르는 프랑스 파리 북부의 18구에 위치한 언덕으로 파리에서 유일하게 고지 대인 지역이며, 몽마르트 언덕으로도 불려 요. 몽마르트르는 '순교자의 언덕'이란 뜻 이랍니다. 19세기 말, 예술가들이 즐겨 찾 던 르 샤 누아(Le Chat Noir), 물랭루즈(Moulin Rouge)가 있었고, 주변 지 역이 비교적 임대료가 싸서 피카소, 르누아 르, 모딜리아니, 반 고 흐, 드가 등 수많은 예술가들이 교감하 던 곳이었어요. 지금 도 많은 예술가가 꼭 가보고 싶어 하 는 곳이랍니다.

프랑스 역사의 산증인, 노트르담 대성당

1163년부터 지금까지 오랫동안 프랑스인들과 함 께 한 노트르담 대성당은 역사적인 사건의 무대 가 되었던 곳이에요. 1455년에는 영국에게 빼앗 겼던 영토를 되찾기 위해 앞장선 잔 다르크의 어 머니인 이자벨 로메가 딸의 이단 판결을 취소해 달라고 탄원합니다. 1804년에는 유럽의 지배자 로 군림했던 나폴레옹 보나파르트의 황제 대관식 이 있었고, 1944년에는 독일의 히틀러가 일으켰 던 제2차 세계 대전이 끝난 종전 기념 미사를 올 렸어요. 1991년 유네스코 세계 문화 유산에 등재되었는데, 2019년 4 월 15일 보수공사 중에 발생한 화 재로 지붕과 첨탑이 붕괴하는 큰 피해를 입었어요. 파리 시민뿐 만 아니라 전 세계 많은 사람이 안타까워하며 재건을 위한 기 금 모금에 동참했어요.

예술과 자연의 조화, 바르셀로나

다른 곳 8

26 Day
예술과 자연의 조화
바르셀로나

지중해의 항구 도시 바르셀로나는 역사와 전통에 대한 자긍심을 갖고 스페인에 자치 정부를 세운 카탈루냐의 수도랍니다. 아주 오래전 사용하던 이베리안 문자가 적힌 동전에서 발견된 '발케노(Barkeno)'에서 유래된 이름이라고 해요. 고대 그리스나 로마 라틴어에서도 그 이름이 발견된다고 하니 아주 오래전부터 사람들이 활발하게 오가던 도시였다는 것을 알 수 있지요. 수많은 예술가를 배출했고, 1992년에는 올림픽이 열린 도시로 잘 알려졌어요.

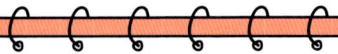

읽으면서 찾아보아요

☐ 가우디가 설계하고 아직도 짓고 있는 성당의 이름은 무엇인가요?
☐ 인간 탑을 쌓아 협동심과 단결심을 기르는 경기는 무엇인가요?

돌에 쓴 성서, 사그라다 파밀리아

사그라다 파밀리아 성당은 바르셀로나에 있는 로마가톨릭교의 성당이에요. 세계적인 건축가 안토니 가우디가 설계하고 직접 건축감독을 맡은 건축물이지요. 원래는 가우디의 스승이었던 비야르가 짓기 시작했지만, 다른 기술자와의 마찰로 비야르가 사임하고 1883년 서른한 살의 안토니 가우디가 공사를 이어받았어요. '그리스도의 탄생', '그리스도의 수난', '그리스도의 영광'을 상징하는 파사드(건물 주출입구의 정면부)와 12명의 제자를 상징하는 12개의 뾰족한 종탑, 예수와 성모마리아에게 바치는 중앙탑 6개로 구성되어 있어요. 지금도 짓고 있는 이 성당은 가우디 사후 100주년이 되는 2026년에 완공할 예정이라고 해요. 가우디 건축물 중 최고로 꼽히는 이 성당은 전 세계의 많은 건축가에게 큰 감동을 주고 있지요.

끝없는 상상력을 가진 건축가, 가우디

바르셀로나는 '안토니 가우디의 도시'라고 할 만큼 그의 아름다운 건축물이 곳곳에 세워져 있답니다. 1852년에 태어난 가우디는 일찍이 건축에 관심을 두고 바르셀로나 대학에서 건축학을 공부했어요. 사그라다 파밀리아의 공사를 이어받은 뒤 세상을 떠나기 전까지 평생을 바쳐 성당을 지었답니다. 가우디는 건물을 지을 장소를 충분히 둘러보고 그곳의 자연환경을 억지로 바꾸지 않고 설계하는 건축가로 유명해요.

현대 미술의 두 기둥, 피카소와 미로

바르셀로나에 가우디의 건물이 있다면, 그 건물 안에는 피카소와 미로의 그림이 있어요. 피카소는 스페인에서 태어나 프랑스에서 활동한 입체파 화가예요. 피카소가 세계적인 미술 경향으로 발전시킨 입체파는 사물을 사실적으로 표현하지 않고 새로운 시각으로 바라보는 미술양식이에요. 피카소는 20세기의 거장이라 불리며 많은 화가에게 영향을 주었답니다. 바르셀로나에서 태어난 화가 미로 역시 스페인의 대표적인 화가예요. 스페인 특유의 강렬함이 감도는 작품으로 초현실주의를 완성시켰다는 평가를 받고 있답니다.

힘을 합쳐 만드는 인간 탑, 카스텔 경기

카스텔은 카탈루냐와 그 인접 지방에서 전해지는 전통 축제로, 사람의 몸을 이용하여 높은 탑을 쌓는 행사예요. '카스텔'이란 '성'이란 뜻이지요. 카스텔은 100~200명의 사람이 모여 가장 높이 인간 탑을 쌓는 팀이 이기는 경기라서 협동심뿐만 아니라 동료에 대한 믿음과 용기가 필요하답니다. 보통 6~10층 높이까지 만드는데, 해마다 새로운 기록이 나온다니 정말 놀랍죠?

카탈루냐의 민속무용, 사르다나

카탈루냐의 민속무용인 사르다나는 그들의 민족의식과 깊은 관계가 있는 집단 무용이에요. 사르다나는 19세기에 한쪽이 트인 원을 그리며 추었던 '콘트라파스'라는 춤에서 발전했어요. 사람들은 목관 악기와 작은북의 연주에 맞춰 3박자의 스텝을 길고 짧게 밟으며 서로 손을 잡고 원을 그리면서 춤을 추지요. 우리나라의 강강술래와 비슷한 형태의 무용이에요. 스페인 안에서 자치 정부를 이룬 카탈루냐 사람들은 사르다나를 추면서 모두가 하나라는 마음을 키웠답니다.

스페인 안의 또 다른 나라 카탈루냐

바르셀로나가 수도인 카탈루냐 지방은 스페인과 포르투갈이 있는 이베리아반도 북동부, 즉 유럽 대륙과 이어지는 곳에 있는 자치 지구예요. 카탈루냐 지방 사람들은 이베리아 반도의 여러 공국들이 서로 합쳐져 스페인 제국이 되어 가는 과정에서도 전통을 잊지 않았어요. 17세기 스페인 왕권이 약해진 틈을 타서 카탈루냐의 독립운동이 시작되었답니다. 끊임없는 독립운동으로 1979년 카탈루냐 자치 정부가 만들어졌고, 그 이후로도 몇 번이나 독립 선언을 했어요. 지금도 카탈루냐 사람들은 "당신은 스페인 사람인가요, 카탈루냐 사람인가요?"라고 물으면 모두 "나는 카탈루냐 사람입니다."라고 대답할 정도로 민족의식이 강하답니다. 하지만 아직도 스페인 중앙 정부에서는 카탈루냐의 독립 요구에 대해 단호하게 반대하고 있는 입장이에요.

유럽의 관문, 프랑크푸르트 다른곳 8

27 Day
유럽의 관문 프랑크푸르트

독일의 도시 프랑크푸르트는 유럽 대륙의 동서남북을 잇는 교통의 중심지예요. 도시 전체가 은행이라는 의미에서 '뱅크푸르트'로 불릴 만큼, 옛날부터 여러 나라 사람들이 모여 물건을 사고팔던 곳이지요. 18세기까지 독일 국왕들의 대관식이 치러졌으며, 독일의 위대한 작가인 괴테의 고향이기도 해요. 프랑크푸르트는 전통과 현대가 세련되게 조화를 이루고 있는 도시랍니다.

읽으면서 찾아보아요

- 신성 로마 제국 황제의 선거와 대관식이 열렸던 곳은 어디인가요?
- 뢰머 시청에서 황제 대관식 후 연회를 베풀던 방의 이름은 무엇인가요?

정의를 지키는 여신, 유스티티아 여신상

유스티티아는 로마 신화에 등장하는 '정의의 여신'이랍니다. 유스티티아의 모습은 여성상을 만드는 시기에 따라 조금씩 달라졌어요. 처음의 유스티티아는 아무것도 들고 있지 않고 단순하면서도 청초한 모습으로 그려졌지만, 시간이 가면서 손에 성경, 탈, 저울을 들기도 하고, 눈을 가리기도 했어요. 뢰머 광장 한가운데에서 프랑크푸르트의 정의를 수호하고 있는 유스티티아 상은 오른손에는 칼을, 왼손에는 저울을 들고 있어요. 정의를 지키지 않으면 벌이 내려질 거라는 의미가 담겨 있는 거랍니다.

 황제들이 잠든 곳, 카이저 돔

뢰머 광장의 동쪽에 있는 카이저 돔은 프랑크푸르트 대성당으로도 알려져 있어요. 신성 로마 제국 황제의 선거와 대관식이 거행되었고, 그들이 잠들어 있는 유서 깊은 곳이지요. 붉은색의 뾰족한 고딕식 탑과 다각형의 지붕이 특징이에요. 300개가 넘는 계단을 따라 95m의 탑을 올라가면 라인 강을 따라 늘어선 시가지와 타우누스 산을 볼 수 있답니다. 돔 박물관에는 1350년대의 주교들이 입었던 예복과 1720년대에 사용했던 금으로 씌운 미사 도구들이 전시되어 있어요.

대 시인의 집, 괴테하우스

괴테는 1749년 프랑크푸르트에서 태어나 1832년에 생을 마친 독일의 대표적인 문학가이며 과학자, 정치가였답니다. 《젊은 베르테르의 슬픔》과 《파우스트》 등의 작가로 널리 알려졌는데, 독일의 고전 문학을 완성했다는 평을 듣고 있지요. 또 그는 바이마르 공국의 재상을 지내면서 정치력도 인정받았고, 자연학을 연구하여 비교해부학의 선구

자가 되기도 했습니다. 괴테가 살았던 집에는 지금도 그가 생전에 사용했던 물건들이 전시되어 있답니다.

음악의 나라, 독일

서양 음악에 독일이 미친 영향은 대단합니다. 독일 음악가의 이름을 한번 불러 볼까요? 바흐, 헨델, 베토벤, 바그너, 멘델스존, 슈만, 브람스… 이름만 들어도 저절로 고개가 끄덕여지지요? 모두 한 시대의 획을 그었던 위대한 음악가들이에요. 독일의 음악은 교회 음악으로 시작하여 18세기 고전주의 음악을 주도했어요.

 유명한 프랑크푸르트 소시지

소시지는 고대 로마 시대부터 있었다고 해요. 그런데 유독 가늘고 긴 프랑크푸르트의 소시지가  유명해진 것은 바로 미국의 길거리 음식인 핫도그에 넣어 팔기 시작하면서부터였어요. 미국인들은 이 소시지가 닥스훈트 개를 닮았다고 하여 닥스훈트 소시지라고도 한답니다.

세계 최대 맥주 축제, 옥토버페스트

독일은 세계에서 맥주를 가장 많이 마시는 나라예요. 독일에만 1,000개에 이르는 종류의 맥주가 있어서 맥주를 좋아하는 사람들은 전국을 돌며 '맥주 여행'을 할 정도라고 해요.

독일의 도시 중에서 맥주를 가장 많이 소비하는 도시는 뮌헨입니다. 뮌헨에서는 매년 9월 말에서 10월 첫째 주까지 독일의 전통 맥주 축제인 옥토버페스트가 열려요. 매년 옥토버페스트에서는 평균 600~700만 리터의 맥주가 소비되며 유럽 등 세계 각국에서 600만 명 이상의 사람들이 모인답니다.

프랑크푸르트의 시청, 뢰머

뢰머는 1405년 프랑크푸르트 참의원들이 귀족의 저택 세 채를 사들여 만든 시청 건물의 이름이에요. 저택들 중 한 채가 '뢰머 저택'이라고 불렸는데, 이것이 시청 건물의 이름으로 결정되었죠. 1562년 처음 황제의 대관식을 치르고 뢰머에서 연회가 벌어졌어요. 이후로 뢰머의 연회는 전통이 되었답니다. 황제들이 연회를 베풀던 방을 '카이저 자르'라고 하는데, 이는 '황제의 넓은 방'이란 뜻이에요. 지금 그곳에는 실물 크기에 가까운 52개의 신성 로마 제국 황제들의 초상화가 걸려 있어요. 계단 모양을 본뜬 지붕의 생김새와 벽을 장식한 화려한 색상이 아름다운 곳이랍니다.

낭만과 동화의 도시, 퓌센

다른곳 8

28 Day

낭만과 동화의 도시 퓌센

퓌센은 독일 바이에른주에 있는 조그만 도시로, 독일 로맨틱 가도의 종착점이기도 해요. 퓌센의 슈반가우 마을 골짜기에는 디즈니랜드의 상징인 판타지랜드성의 모델이기도 한 노이슈반슈타인성이 있어요. 동화처럼 아름다운 이 성을 관람하기 위해 전 세계 관광객들이 퓌센을 찾는답니다.

읽으면서 찾아보아요

- 디즈니 회사 로고의 모델이 된 독일의 성은 무엇인가요?
- 루트비히 2세가 좋아했던 음악가는 누구인가요?
- 알프스에서 가장 높은 봉우리는 어디인가요?

백조의 성, 노이슈반슈타인성

노이슈반슈타인성은 동화 속에 나오는 중세 성의 모습을 그대로 만든 것입니다. 진짜 중세 때 세워진 성이 아니냐고요? 이 성은 독일의 설화에 빠져 있던 바이에른의 왕 루트비히 2세가 1869년에 지었기 때문에 중세의 성들과 달리 군사적인 목적은 전혀 없답니다. 루트비히 2세  는 음악가 바그너를 좋아해서 성 전체에 바그너의 작품을 표현한 벽화가 곳곳에 있어요. 또 루트비히 2세는 백조를 너무 좋아해서 노이슈반슈타인성의 문고리를 모두 백조 모양으로 만들고 벽화, 커튼에도 백조 그림을 넣었어요. 그래서 노이슈반슈타인성을 '백조의 성'이라고도 부른답니다.

왕가의 여름 별궁, 호엔슈반가우성

호엔슈반가우성은 노이슈반슈타인성과 골짜기를 사이에 두고 마주 보고 있어요. 루  트비히 2세의 아버지가 지은 성으로, 루트비히 2세가 청년기를 보낸 성이기도 하지요. 성 안에는 동양의 미술품과 예술 작품 등이 보관되어 있으며, 3층에는 왕이 바그너와 함께 연주한 피아노가 전시되어 있어요. 성 내부의 작은 예배당에서는 지금도 일요일마다 미사가 열린답니다.

등산가들이 사랑하는 알프스

퓌센은 레히강을 끼고 있으며, 오스트리아 국경 근처의 알스프 산맥 동쪽 기슭에  있는 도시예요. 알프스는 지중해의 모나코 부근에서 시작해 이탈리아, 프랑스, 스위스, 오스트리아, 슬로베니아, 독일, 헝가리 부근에서 끝나는, 길이가 약 1,200km에 이르는 긴 산맥이지요. 빙하가 녹으면서 깎인 U자형 계곡과 얕은 계곡이 많아 로마 시대 이전에도 10개 이상의 고갯길이 있었대요. 19세기에 등산이 유행하면서 인기가 높아졌어요. 1786년 미셸 가브리엘 파카르와 자크 발마가 제일 높은 몽블랑(4,807m)을 정복한 것이 근대 등산의 시작이었어요.

낭만이 숨어 있는 길, 로맨틱 가도

독일의 중부 뷔르츠부르크에서 퓌센까지 마인강을 따라 달리는 350km를 '로맨틱 가도'라도 해요. 이 길에는 24개의 마을과 도시가 있는데, 아름다운 중세의 유적들이 고스란히 남아 있어 동화 속에 들어와 있는 듯한 착각이 든답니다. 이 길은 원래 이탈리아에서 북해까지 상인들이 다니던 길로 유럽의 실크로드라고도 할 수 있어요.

왕이 사랑한 음악가, 바그너

바그너는 1813년 라이프치히에서 태어난 작곡가예요. 바그너는 음악을 작곡한 것뿐만 아니라, 직접 오페라 각본을 쓰며 작곡하는 음악가였어요. 특히 그는 귀족이 즐기는 오페라가 아닌 많은 서민과 함께 즐길 수 있는 연극과 음악이 어우러진 오페라를 만들고자 했답니다. 바이에른의 왕 루트비히 2세를 만나기 전까지 힘들게 활동했고, 독일 혁명에 참여해서 추방까지 당했지요. 하지만 루트비히 2세의 도움을 받으며 〈트리스탄과 이졸데〉, 〈니벨룽겐의 반지〉, 〈발퀴레〉 등 뛰어난 작품을 발표하면서 새로운 음악극 탄생에 박차를 가했어요. 화려한 연애 사건과 왕의 편애에 불만이 많던 관료들에게 미움을 사서 결국 왕궁에서 쫓겨 나지만, 왕은 바그너를 끝까지 버리지 않았다고 해요. 바그너는 독일 음악을 완성하고 현대적인 오페라를 만든 작곡가로 잘 알려져 있답니다.

1,000년의 암흑시대, 중세

유럽의 중세는 '잃어버린 1,000년의 시간'이라고 해요. 맨 처음 기독교로 종교를 바꾸었던 로마 황제 콘스탄티누스 1세가 세상을 떠난 뒤 로마 제국은 동과 서로 나뉘었어요. 서기 476년 서로마 제국이 멸망하고 난 뒤 1,000년 동안 유럽은 어둠 속에서 방황했지요. 서로마 제국의 멸망과 함께 그동안 마련했던 법과 윤리, 학문과 예술이 사라져 갔어요. 이렇게 어두운 시대에 사람들을 지켜준 곳은 바로 교회였답니다. 교회법이 사라진 법을 대신했지요. 하지만 어지러운 상황은 계속되었어요. 13세기쯤 인구가 늘고, 경제적인 기틀이 잡히면서 15세기 초에 드디어 잃어버렸던 그리스 로마 문명을 되살려(르네상스 시대) 암흑의 중세는 막을 내리게 되었답니다.

살아 있는 신화, 로마
다른곳 8

29 Day
살아 있는 신화 로마

로마는 이탈리아의 수도이면서 세계에서 가장 작은 나라인 바티칸이 있는 도시이기도 해요. 하지만 아주 오랜 옛날에는 북유럽부터 북아프리카까지 지배했던 대제국의 중심지였답니다. 지금도 로마는 약 1,300년 동안 이어졌던 로마 제국의 흔적을 고스란히 간직하고 있어요. 로마의 철자인 Roma를 뒤집으면 Amor(아모르)가 되지요? '아모르'는 '사랑'이라는 뜻이에요. 그래서 사람들은 로마를 '사랑의 도시'라고도 부른답니다.

읽으면서 찾아보아요

- ☐ 고대 로마의 최대 원형 경기장은 무엇인가요?
- ☐ 바티칸에 있는 성당의 이름은 무엇인가요?

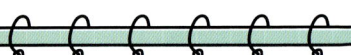 **신화적인 화려함의 극치, 콜로세움**

서기 80년에 세워진 콜로세움은 고대 로마의 최대 원형 경기장이었어요.

타원형으로 생긴 콜로세움은 완성되었을 당시 긴 쪽이 189m, 짧은 쪽이 156m, 둘레는 545m, 높이는 48m였을 것으로 추정한대요. 지금 남아 있는 모습은 원래 모습의 3분의 1도 되지 않는답니다. 콜로세움이란 이름은 네로 황제의 거대한 황금동상 '콜로수스'에서 유래된 것으로 보고 있어요. '콜로수스'는 '거대하다'란 뜻이지요.

콜로세움에서 로마 시민들은 맹수 사냥이나 검투사 시합을 즐겼어요. 콜로세움이 완성되자 100일 동안 경기를 열었는데, 이때 죽은 동물만도 9천여 마리나 되었답니다. 523년 마지막 경기 이후로 시합이 더 이상 열리지 않았다고 하니, 거의 450년 동안 잔인한 피의 경기가 벌어졌던 셈이지요.

거대한 규모의 콜로세움에는 5만여 명의 사람이 들어갈 수 있어요. 240개에 달하는 기둥에는 '베라리움'이라는 천으로 만든 지붕을 설치해서 따가운 태양으로부터 관중을 보호했답니다. 경기장에 물을 채워 가상 해전까지 했다고 하니, 콜로세움의 규모가 얼마나 대단했을지 짐작할 수 있겠죠?

로마가 시작되었던 포로 로마노

콜로세움 옆에는 '포로 로마노'가 있어요. 로물루스왕이 로마를 처음 세운 곳으로, 고대 로마 시대의 정치와 상업, 법률의 중심지였지요. 5세기경 로마가 분열되면서 이곳 대부분의 건물들이 훼손되었는데, 19세기에 들어 본격적인 발굴 작업을 시작하여 지금까지 계속 연구하고 있는 곳이랍니다. '포로'는 '광장'이란 뜻으로, 포로 로마노를 '로마 광장'으로 보기도 해요.

시민권이 없으면

들어갈 수 없었던 그리스의 광장과는 달리 로마의 광장은 로마에 사는 모든 이에게 열려 있었답니다.

세계에서 가장 작은 나라, 바티칸

바티칸은 가톨릭교회의 교황이 사는 나라예요. 정식 명칭은 '바티칸 시국'이며, 수도는 '바티칸시티'입니다. 1929년 여러 영주가 다스리던 이탈리아가 통일되면서 바티칸은 주권을 따로 인정받아 세계에서 가장 작은 나라가 되었어요. 바티칸의 중앙에 있는 산피에트로 대성당은 세계에서 가장 큰 규모의 종교 건축물이에요. 성 베드로의 묘지 위에 세워진 이 대성당은 미켈란젤로, 라파엘로, 베르니니, 마데르노 등 천재적인 예술가들의 합작품이지요. 바티칸은 교황이 다스리는데, 교황은 추기경단의 '콘클라베'라는 선거로 선출되지요. 이곳은 세계적인 관광명

소이지만 경건한 장소라서 반바지 차림으로 들어갈 수 없어요.

전차 경기장이었던 나보나 광장

나보나 광장은 원래 거대한 전차 경기장이었어요. 전차 경기는 로마인들이 가장 동경하는 스포츠였지요. 전차 경기장은 콜로세움보다 훨씬 큰 규모로 당시 15만 명이 들어갈 수 있었으며, 주로 1인승 이륜 전차 경기와 검투사 시합이 열렸어요. 지금은 긴 타원형의 경기장 형태를 유지한 채 아름다운 광장으로 바뀌었답니다.

콜로세움을 누볐던 검투사

콜로세움에서 제일 인기가 많았던 것은 검투사들의 대결이었어요. 검투사는 대부분 포로, 노예, 죄인들이었는데, 검투사 학교에 보내 엄격한 훈련을 시켰다고 해요. 당시 검투사의 인기는 정말 굉장했답니다. 검투사 경기가 벌어지면 관중이 돈을 걸고 싸움을 즐겼기 때문에 경기에서 이긴 검투사는 많은 돈을 벌 수 있었어요. 검투대회를 준비하는 사람들도 공정하고 관객이 즐거워하도록 대진표를 짰다고 해요. 때때로 검투사가 죽임을 당하는 일도 있었지만, 그리 흔하지는 않았답니다. 주로 비겁한 행동을 했을 때인데, 이때 대회를 연 사람이 검투사의 운명을 결정했다고 해요.

물과 가면의 도시, 베네치아

다른곳 8

30 Day

물과 가면의 도시 베네치아

이탈리아 북동부 베네치아만의 석호(바다와 분리되어 생긴 호수) 위에 있는 베네치아는 118개의 섬이 400여 개의 다리로 이어져 있는 물 위의 도시랍니다. 한때 지중해 동쪽 지역과 무역을 해서 큰 부를 누리기도 했지요. 베니스라고도 불리며, 세계 10대 축제 중 하나인 베네치아 카니발로 세계 사람들의 마음을 설레게 하는 도시랍니다.

읽으면서 찾아보아요

- '곤돌라'는 무슨 뜻인가요?
- 베네치아 통치자인 도제가 머물렀던 궁전은 무엇인가요?
- 세계에서 가장 오래된 국제 영화제는 무엇인가요?

굶을 때 굶고 놀 때 놀자! 베네치아 카니발

베네치아 카니발은 매년 사순절 전날까지 약 10일 동안 열리는 축제예요. '사순절'이란 예수님이 부활하는 것을 기념하는 부활절 전에 음식을 먹지 않는 40일 동안의 기간을 말해요. 이탈리아의 최대 축제이자 세계 10대 축제에 속하는 이 카니발은 12세기 무렵에 시작되어 지금까지 열리고 있답니다. 카니발이 열렸던 가장 큰 목적은 시민의 단결과 전투 정신을 북돋아 주는 것이었답니다. 독특한 가면과 화려한 옷으로 잘 알려진 베네치아 카니발 가운데 가장 매력적인 것은 산마르코 광장에서 열리는 가면 대회예요. 여러 가지 색깔의 베일과 함께 아름답고 다양한 베네치아 가면을 선보이는 대회이지요. 그 외에도 가장행렬, 연극 공연, 불꽃 축제 등이 함께 열린답니다.

흔들리는 낭만의 상징, 곤돌라

이탈리아 말로 '흔들리다'라는 뜻인 곤돌라는 길이가 약 10m이고 앞과 뒤가 좁아지는 베네치아의 배랍니다. 갸름한 배의 모양 덕분에 좁고 얕은 운하를 지나기에 적당한 교통수단이지요. 지금은 관광객을 태우기 위한 관광상품이 되었지만, 17세기에는 1만 척이나 있었을 만큼 중요한 교통수단이었어요.

곤돌라는 모두 검은색인데, 1562년 사치를 막기 위해 검은색으로 통일했기 때문이랍니다.

유리 공예의 꽃, 무라노섬

베네치아는 동방과의 활발한 무역 덕분에 8세기 무렵부터 유리 산업이 자리를 잡았어요. 그러다 십자군 전쟁에서 지고 동로마 제국이 멸망하자 동방에 있던 많은 유리 장인들이 베네치아로 모여들었지요. 베네치아는 유럽의 유리 산업을 독차지하려고 장인들을 무라노섬에 가두었어요. 그 때문에 무라노섬은 지금까지 유리공예로 명성을 이어가고 있답니다.

세계에서 가장 아름다운 응접실, 산마르코 광장

산마르코 광장은 여러 세기 동안 베네치아의 권력과 부의 상징이자 정치, 사회의 중심이었어요. 정면에는 황금빛의 산마르코 대성당, 동쪽에는 분홍빛의 두칼레 궁전, 그리고 98.6m 높이의 캄파닐레 종루가 서 있는 화려한 광장이랍니다. 산마르코 대성당은 828년 이집트 알렉산드리아에서 가져온 성 마르코의 유골 위에 세운 성당인데, 십자군 전쟁에서 가져온 기념품으로 꾸며져 있어요. 회랑(지붕이 있는 긴 복도)에 놓인 4개의 청동 말은 콘스탄티노플에서 옮겨다 놓은 거예요. 두칼레 궁전은 도제(베네치아의 통치자)의 궁전이었어요. 나폴레옹은 산마르코 광장을 보고 '세계에서 가장 아름다운 응접실'이라며 크게 감탄했답니다.

세계에서 가장 오래된 영화제, 베니스 국제 영화제

1932년 처음 열린 베니스(베네치아의 영어식 발음) 영화제는 세계에서 가장 오래된 영화제이며, 칸 영화제, 베를린 국제 영화제와 더불어 3대 영화제로 유명해요. '국제 예술 영화제'로 시작한 베니스 영화제는 이탈리아 영화 산업을 크게 발전시켰어요. 아시아 영화로는 1951년 일본의 구로자와 아키라 감독이 만든 〈라쇼몽〉이 처음으로 그랑프리를 받았지요. 베니스 영화제는 형식을 깨뜨리는 실험 영화, 정치적으로 민감한 영화들을 높이 평가하는 영화제라고 알려져 있답니다.

정교함과 화려함의 극치, 베네치아 가면

베네치아에서 가면을 쓰기 시작한 것은 1204년 제4차 십자군 원정에서 엔리코 단돌로가 베일을 쓴 무슬림 여인들을 데려오면서부터라고 해요. 그 뒤 가면을 쓰고 범죄를 저지르는 일이 많아지자 공식 연회와 카니발 기간에만 가면을 허용했어요. 베네치아의 가면은 신분을 넘어 모두 함께 즐길 수 있는 축제를 만들었어요.

대표적인 가면으로 눈과 코, 윗볼을 가리는 '콜롬비나', 하얀 얼굴에 긴 부리와 눈구멍이 있는 가면으로 페스트를 치료하던 의사들의 마스크에서 착안한 '메디코 델라 페스테', 검은색 벨벳으로 만드는 여성용 가면인 '모레타' 등이 있어요.

동유럽의 문화 중심지, 프라하

다른 곳 8

31 Day
동유럽의 문화 중심지 프라하

체코는 독일과 오스트리아 동쪽에 있는 작은 나라예요. 프라하는 체코의 수도랍니다. 프라하를 끼고 있는 보헤미안 지방은 오래 전부터 여러 사상들과 문화가 모이는 중심지였어요. 작가인 밀란 쿤데라와 카프카, 과학자 케플러와 아인슈타인, 음악가인 모차르트와 드보르자크 등 역사적인 인물들이 이곳에서 활동을 했지요. 9세기부터 세워진 멋진 건축물도 가득한 도시랍니다.

읽으면서 찾아보아요

- 마르틴 루터보다 100년이나 앞서 종교 개혁을 주장한 체코의 종교 개혁자는 누구인가요?
- 음악 축제 '프라하의 봄'이 5월 12일에 열리는 이유는 무엇인가요?

역사와 삶을 잇는 다리, 카를교

프라하의 카를교는 구시가지와 프라하성을 연결하는 다리로 600년 동안이나 그 자리를 지켰어요. 1357년 신성로마제국의 황제이자 프라하의 전성기를 이끌었던 카를 4세가 블타바강에 놓은 다리랍니다. 프라하의 아름다운 야경을 볼 수 있어 언제나 여행자들로 북적거리는 카를교 위에는 멋진 동상들이 줄지어 서 있어요. 가장 먼저 세워진 동상은 17세기 예수 수난 십자가상이며, 가장 인기가 많은 동상은 성 요한 네포무크 동상이에요. 이 동상 밑 동판에 손을 대고 소원을 빌면 이루어진다는 전설이 있어 사람들이 손을 댄 부분만 빛이 바랬답니다.

지구를 우주의 중심이라 믿었던 천문 시계

프라하의 구시청사 벽에는 1410년 시계공 미쿨라시와 카를 대학의 수학교수 얀 신델이 만든 천문 시계가 있어요. 중세 말기에 지구가 우주의 중심에 있다고 믿었던 천동설을 기초로 만든 시계예요. 시계는 위, 아래로 두 개의 큰 원형으로 이루어져 있어요. 위쪽 시계는 지구를 중심으로 해와 달과 천체의 움직임을 묘사했고, 아래 시계에는 12개의 계절별 장면이 담겨 있지요. 매시 정각이 되면 해골 인형이 움직이며 종을 치고, 그 위의 2개의 창문이 열리면서 예수의 열두 제자가 나타났다가 사라져요. 이어서 시계 위쪽에서 황금색 닭이 나와 울면서 시간을 나타내는 벨이 울린답니다.

체코의 종교 개혁자, 얀 후스

프라하 구시가지 광장에는 검은 동상이 하나 서 있어요. 그 동상의 주인공은 얀 후스라는 종교 사상가랍니다. 1372년 가난한 농부의 아들로 태어나 마르틴 루터보다 100년이나 앞서 종교 개혁을 주장

했어요. 교황은 그를 나라에서 내쫓았지만, 사람들의 반대를 무릅쓰고 콘스탄츠공의회에서 설교하려다가 1415년 화형을 당했어요.

연금술사가 살던 황금 골목

프라하에는 16세기의 모습을 그대로 간직한 '황금 골목'이 있어요. 1576년 왕이 된 루돌프 2세는 금에 관심이 많았어요. 왕은 금을 만들 수 있다는 연금술사들을 불러서 이곳에 머무르게 했답니다. 그래서 '황금 골목'이라는 이름이 붙었지요. 연금술사는 금을 만들기 위해 연구를 하던 사람을 가리키는 말이랍니다.

구시가지로 들어가는 상징적인 문, 화약탑

프라하에는 높이 65m, 총 186개의 계단으로 이루어진 고딕 양식의 탑이 있어요. 1475년에 지금의 구시가지를 지키는 13개의 요새 중 하나였는데, 루돌프 2세 때 연금술사들의 화약 창고 겸 연구실로 쓰이면서 화약탑으로 불리게 되었지요.

상징적인 음악 축제, 프라하의 봄

체코의 시민회관에서는 매년 '프라하의 봄'이라는 음악 축제가 열려요. 이 축제는 매년 5월 12일에 시작되는데, 그날이 바로 체코 국민 음악의 선구자인 스메타나의 기일이기 때문이에요. 이 음악 축제는 스메타나의 교향시 '나의 조국'의 연주로 시작하는 것이 전통이에요. 이 축제는 독립을 이루고 자신들의 나라를 찾은 것을 상징하는 행사로서, 체코 사람들에게는 단순한 음악 축제 이상의 의미를 가지고 있답니다.

자유를 향한 몸부림, 프라하의 봄

체코는 1948년 쿠데타가 일어나 공산국가가 된 이후 오랫동안 많은 사람이 억압을 받아왔어요. 1960년대에 이르러 옛 소련의 독재자인 스탈린을 따르던 정치 세력이 약해지자 민주자유화 운동이 시작되었고, 1968년 당서기가 된 알렉산데르 둡체크가 '인간의 얼굴을 한 사회주의'를 주장하며 개혁을 시작했어요. 둡체크의 자유 선언 때문에 동유럽 공산화가 무너질까 걱정했던 바르샤바조약기구의 여러 나라들은 군대를 모아 체코를 침공하여 이 개혁 운동을 막았어요. 하루 만에 점령당한 프라하는 그 뒤 차갑고 무서운 폐쇄 정책으로 많은 국민이 고통받았지요. 그 이후 1989년, 시민 혁명으로 독재 정권이던 공산 정권이 무너지고 체코슬로바키아 연방 공화국으로 독립하게 되었지요. 체코인들은 1968년 당시 소련 등의 침공에 대항한 체코의 민주자유화 운동을 '프라하의 봄'이라고 부른답니다.

러시아의 심장, 모스크바
다른 곳 8

32 Day
러시아의 심장 모스크바

모스크바는 세계에서 가장 큰 나라인 러시아의 수도랍니다. 러시아는 아시아와 유럽 대륙에 걸쳐 있는 거대한 나라예요. 모스크바는 13세기 중엽부터 200여 년간 몽골의 지배를 받았지만, 15세기 말부터 몽골에서 서서히 벗어나 강대국으로 떠올랐어요. 오늘날 모스크바는 러시아의 정치 중심지일 뿐만 아니라 러시아에서 가장 인구가 많은 도시이며 산업, 문화, 과학 및 교육의 중심지랍니다.

읽으면서 찾아보아요

- 성 바실리 대성당에는 총 몇 개의 돔이 있나요?
- '러시아인들의 고향은 모스크바'라고 말한 사람은 누구인가요?

러시아 최고의 걸작, 성바실리대성당

성바실리대성당은 붉은 광장의 남쪽에 있는 러시아 정교회 성당으로, 이반 4세가 러시아를 점령하고 있던 몽골의 카잔 칸국을 물리친 기념으로 세웠어요. 1555년에 짓기 시작해서 1561년에 완공되었고, 이후 1588년 러시아 정교회의 성인인 성 바실리의 무덤에 10번째 성당이 건축되면서 현재의 형태를 완성하게 되었지요. 이 성당은 러시아와 비잔틴 건축 양식이 혼합된 목조 건물로 원형 돔을 중심으로 8개의 돔이 둘러서 있는 형태인데, 성삼위일체(성부, 성자, 성령)를 상징하는 돔과 다른 여러 성인을 기리는 돔이라고 해요. 마치 불꽃이 위로 솟아올라가는 듯한 모양에 화려한 색상, 독특하고 입체적인 문양으로 전 세계의 찬사를 받고 있지요. 이 대성당은 어느 위치에서 보아도 8개의 돔이 모두 보이도록 설계했답니다.

모스크바의 중심, 붉은 광장

크렘린궁과 레닌의 묘, 성바실리대성당, 러시아국립역사박물관, 굼백화점 등에 둘러싸여 있는 붉은 광장은 원래 시장이었어요. 14세기에 크렘린궁과 함께 광장이 건축되었고, 15세기 말부터 황제

의 명령을 널리 전하는 크렘린궁의 광장으로 이용되기 시작했지요. 20세기 초 러시아 혁명을 이끌었던 레닌이 연설했던 곳으로도 유명하답니다. 붉은 광장을 일컫는 러시아어 '크라스나야'는 고대 러시아어에서 '아름다운'이라는 뜻이어서 '아름다운 광장'이라고 불리기도 했는데, 현대 러시아어에서는 '붉은'이라는 뜻으로 쓰이기 때문에 지금은 붉은 광장으로 불린답니다.

모스크바와 운명을 함께한 크렘린궁

'크렘린'이란 말은 원래 성채 혹은 성벽이란 의미로, 러시아의 황제가 거주하는 곳을 뜻합니다. 지금은 모스크바의 크렘린궁을 의미하지요. 1156년 유리 돌고루키 왕자가 세운 요새에서 시작되어 타타르족 등의 적으로부터 보호하기 위해 성벽이 점점 두꺼워지고 커졌다고 해요. 15세기 말에서 16세기 중엽에 이르러서야 비로소 현재와 같은 성의 모습이 되었지만, 1712년 표트르 1세가 수도를 상트페테르부르크로 옮기면서 한동안 사용하지 않았답니다. 1918년 이후, 소련 정부가 이곳을 다시 사용하면서 소련 정부를 가리키는 대명사가 되기도 했어요.

단합을 가르친 인형, 마트료시카

마트료시카는 러시아를 대표하는 인형이에요. 1890년대에 일본에서 수입된 나무 인형에서 영감을 얻어 만들어졌는데, 여러 민족이 어우러져 사는 러시아 아이들에게 단결을 가르치려는 교육적 목적으로 만들었대요. 러시아 전통 의상을 입은 여자가 그려진 마트료시카를 돌려서 뚜껑을 열면 더 작은 인형이 그 안에 있고, 그것을 열면 더 작은 인형이 나와요. 심지어 10개가 넘는 인형이 나오는 것도 있답니다.

러시아 발레 역사의 산증인, 볼쇼이 극장

1766년에 설립된 볼쇼이 극장은 발레와 오페라 상설극장으로, 러시아 발레와 오페라의 상징적인 곳으로 꼽혀요. 19세기에 들어서 러시아 발레가 세계적으로 명성을 떨치면서 유럽의 뛰어난 무용수들과 안무가들이 러시아로 건너와 《백조의 호수》, 《호두까기 인형》, 《잠자는 숲 속의 미녀》와 같은 작품을 만들었지요. 특히 차이코프스키의 《백조의 호수》는 볼쇼이 극장에서 처음 공연되었답니다.

러시아의 어머니, 모스크바

13세기 무렵부터 약 200년간 몽골인이 지배하는 동안 모스크바 사람들은 핍박을 많이 받았어요. 자연히 사람들은 모스크바 중심으로 모였고, 힘이 생긴 모스크바는 북동 러시아의 중심이 되었죠. 1613년 미하일 로마노프가 황제가 된 후 1712년 표트르 1세가 상트페테르부르크로 수도를 이전하기 전까지 모스크바는 정치, 경제, 문화의 중심지였어요. 하지만 1712년 이후 100년간 왕이 살지 않아 텅 비어있는 듯했지요. 그래도 톨스토이가 말했듯이 '러시아인들의 고향은 모스크바'였답니다. 1917년부터 모스크바는 다시 러시아의 수도가 되었어요.

역사와 문화의 도시, 이스탄불 다른곳 8

33 Day
역사와 문화의 도시 이스탄불

이스탄불은 튀르키예에서 가장 큰 항구 도시로, 흑해와 마스마라해를 연결하는 보스포루스 해협 양쪽에 걸쳐 있어요. 즉, 아시아와 유럽 대륙이 맞닿는 곳에 자리 잡고 있답니다. 이스탄불은 1923년 튀르키예가 수도를 앙카라로 옮기기 전까지 470여 년 동안 튀르키예의 수도였답니다. 한때 유럽과 아시아를 주름잡던 이스탄불에는 지금도 두 대륙의 문화가 절묘하게 섞여 있어요.

읽으면서 찾아보아요

- 터키를 부르는 새로운 나라 이름은 무엇인가요?
- 이슬람 문화의 꽃무늬나 기하학적인 무늬를 무엇이라고 하나요?
- 이스탄불의 옛 이름은 무엇인가요?

● 터키의 새로운 국호, 튀르키예

'튀르키예'는 '터키'의 새로운 나라 이름이에요. 유엔으로부터 국호 변경을 승인 받았으며, 우리나라도 2022년 6월 24일부터 한국어 표기를 '튀르키예'로 공식 변경했어요. 터키(Turkey)는 영어 단어로 '칠면조'를 뜻하는데 '겁쟁이, 패배자' 등의 뜻으로 통하는 속어로도 사용되고 있어요. 그래서 터키는 오래전부터 자국을 '튀르키예'라고 불러왔답니다. '튀르키예'는 '터키인의 땅'을 의미하며 '튀르키'는 '용감한'이라는 의미를 갖고 있어요.

 현존하는 최고의 비잔틴 건축물, 성 소피아 성당

성 소피아 성당은 비잔틴의 황제 유스티니아누스 1세가 532~537년에 세운 성당이에요. 이스탄불에서는 '지혜의 전당'이라는 뜻으로 '아야 소피아'라고 부르기도 하지요. 중간 기둥 없이 지은 돔의 높이는 55.6m, 지름이 32m에 달하는데, 비잔틴 건축의 전형으로 여겨지며 '건축의 역사를 바꾸었다'

는 찬사를 듣는 건축물이에요. 유스티니아누스 1세는 이 성당을 짓기 위해 물리학자와 수학자를 고용하고, 1만 명에 이르는 인부를 고용했답니다. 하지만 제4차 십자군 전쟁 때 같은 기독교인들에게 장식물을 도둑맞고 모자이크 벽화도 회반죽으로 덮이는 등 시련을 많이 겪었어요. 나중에 술탄 메흐메트 2세가 성 소피아 성당의 웅장한 모습을 보고 감탄하며 이슬람 사원으로 쓰게 해서 지금까지 남아 있게 되었어요.

● 이슬람의 자존심, 블루 모스크

'술탄 아흐메트 사원'이라고 알려진 블루 모스크는 이스탄불에서 가장 높은 지역에 있는 고대 경기장의 남쪽에 위치하기 때문에 먼 곳에서도 그 거대한 모습을 바라볼 수 있어요. 이곳은 단순한 사원이 아니라 사원, 무덤, 보건소, 목욕탕, 상가, 부엌, 방

등이 있는 건물이랍니다. 1609년 메흐메트 아가가 설계하고 공사를 시작해서 1616년 완성했어요. 이슬람교는 우상 숭배를 꺼려서 사람이나 동물을 그리거나 조각해 넣지 않고 '아라베스크'라는 화려한 꽃무늬와 기하학적인 무늬로 장식했어요. 이 사원을 '블루 모스크'라고 부르는 이유는 260개의 창문으로 들어오는 빛과 수십 개의 기름 램프 빛에 반사되는 푸른빛의 아라베스크 때문이에요. 이 무늬는 푸른빛의 이즈닉 타일을 23,000장이나 만들어서 붙인 거예요.

● **도자기와 보석이 가득한 술탄의 궁전, 토프카프 궁전**

토프카프 궁전은 1465년부터 1853년까지 오스만 제국의 술탄이 살던 곳이에요. '술탄'은 이슬람교의 종교적 최고 권위자인 칼리프가 수여한 정치 지도자를 말한답니다. 이 궁전에는 당시 3개 대륙(아시아, 아프리카, 유럽)을 다스린 술탄과 술탄의 가족 말고도 5,000명이 넘는 사람들이 살았어요. 지금은 박물관이 되어 도자기를 비롯해 86캐럿 다이아몬드, 이슬람교 창시자인 마호메트의 이와 수염, 이슬람교 성물(신성한 물건)뿐만 아니라 사도 요한의 머리뼈와 오른손, 다윗의 칼, 요셉의 터번과 모세의 지팡이 등 기독교 성물도 전시되고 있어요.

알라딘이 타던 마법의 양탄자, 카펫

카펫(양탄자)은 사막에서 지내던 튀르키예인에게 중요한 생활 도구였어요. 메마른 모랫바닥 위에 카펫을 깔기도 하고 옮겨 다닐 때 짐을 싸거나 낙타의 안장으로 쓰기도 했답니다. 특히 튀르키예 카펫은 섬세하기로 유명해요.

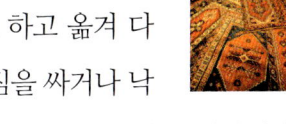

유럽과 아시아의 격전지, 이스탄불

이스탄불은 원래 고대 그리스의 식민지로 '비잔티움'이라고 불렀어요. 유럽과 아시아가 맞닿는 곳에 있고, 아시아에서 지중해로 향하는 중요한 항구였기 때문에 늘 양쪽 세력이 부딪히는 곳이었답니다. 그래서 페르시아, 셀주크 제국, 불가리아, 러시아의 침략을 자주 받았지요.

로마가 동서로 분열되면서 이스탄불은 동로마 제국의 수도가 되었는데, 이때는 '콘스탄티노폴리스'라고 불렸어요. 1096년에 일어난 십자군 전쟁은 200여 년 동안 계속되었는데, 큰 전쟁이 끝난 후에도 유럽과 이슬람의 충돌은 계속되었죠. 결국 콘스탄티노폴리스는 1453년 메흐메트 2세에게 점령당했고, 이때부터 '이스탄불'이라 불리기 시작했어요.

영원한 사랑의 도시, 아그라

다른곳 8

34 Day

영원한 사랑의 도시 아그라

아그라는 인도 우타르프라데시 주에 있는 도시예요. 16세기부터 18세기까지 인도의 문화를 이끌었던 무굴 제국의 중심지였으며, 인도 대륙의 교통과 문화의 중심지이기도 합니다. 이곳에는 죽음을 넘어선 영원한 사랑의 징표이며 이슬람건축의 대표작인 타지마할이 있어요.

읽으면서 찾아보아요

- 아내를 추모하기 위해 샤 자한 황제가 만든 무덤은 무엇인가요?
- 인도의 전통 의상은 무엇인가요?
- 인도의 신분 제도는 무엇인가요?

영원한 사랑의 맹세, 타지마할

아름다운 궁궐 같은 타지마할은 1631년 인도 무굴 제국의 샤 자한 황제가 끔찍히 사랑했던 왕비 뭄타즈 마할을 추모하여 만든 무덤이에요. 황제는 아내를 위해 유명한 건축가들을 모아 설계하고 중국과 러시아에서 사들인 돌로 22년 동안 타지마할을 만들었답니다. 하지만 너무 많은 돈을 들인 데다가 너무 오랫동안 만드는 바람에 나라가 가난해지고 국민의 불만이 높아졌어요. 결국 셋째 아들인 아우랑제브가 다른 형제들을 죽이고 샤 자한 황제를 타지마할이 마주 보이는 아그라 요새에 가두었답니다. 샤 자한 황제는 죽을 때까지 타지마할을 바라보다가 숨을 거두었다고 해요. 타지마할의 붉은 사암으로 된 아치형 정문을 통과하면 넓은 뜰에 수로가 있는 무굴 양식의 정원이 펼쳐져요. 긴 수로 끝에는 하얀색의 빛나는 대리석 건물이 세워져 있는데, 내부와 외부의 벽면은 보석으로 정교하게 장식되어 있답니다.

해탈에 이르기 위한 고행, 요가

운동으로 알려진 요가는 인도의 6개 정통 철학파 가운데 요가학파의 수행법이랍니다. 특히 몸을 단련해서 고요하고 평온한 상태가 되는 요가를 '하타 요가'라고 해요. 우리가 자주 보는 요가 자세들은 바로 하타 요가에서 말하는 수행법이랍니다. 흔히 볼 수 있는 자세로 '연화좌'가 있는데, 양다리를 반대편 넓적다리에 올려놓는 자세예요.

카레는 우리가 원조!

세계 사람들의 입맛을 사로잡은 카레는 인도의 음식이에요. 우리나라 된장과 같은 '마살라'라는 양념을 넣고 채소나 고기와 함께 끓인 소스를 가리키는 말이지요. 집마다 된장국 맛이 다르듯이 마살라를 만드는 방법이 집마다 달라서 카레 맛도 다 달라요. 북인도에서는 '난'이라는 빵을, 남인도에서는 쌀밥에 카레를 곁들여 먹지요.

인도 여성의 아름다운 점, 빈디

빈디는 인도 여성들이 이마에 찍는 작은 점을 말한답니다. 힌두어로 '빈디'는 '방울', '작은 조각', '점'을 뜻해요. 빈디는 행운을 상징하는데, 인도에서는 고대 시대부터 양쪽 눈썹 사이에 꽃이나 별을 그려 넣었어요. 빈디를 붙이는 양쪽 눈썹 중간 부분은 인도인들이 생명의 에너지가 모이는 곳으로 여기는 7개의 '차크라' 중 하나예요. 무엇인가를 마음의 눈으로 볼 수 있다고 여겨 '제3의 눈'으로 부르기도 하지요. 빈디의 무늬는 지역마다 다르고 결혼했다는 것을 표시하기도 하지만, 요즘은 패션으로 이용되기도 한대요.

인도의 전통 의상, 사리

사리는 인도의 여성들이 입는 전통 의상이에요. 기원전 4세기쯤부터 입기 시작했는데, 4세기까지는 남자들도 사리를 입었다고 해요. 재단하여 만든 옷이 아니라 폭 1m, 길이 5~6m의 큰 천 한 장을 몸에 둘러서 입어요. 속치마나 허리 부분이 드러나는 촐리(Choli)를 입고 그 위에 두르지요.

화려한 색의 향연, 홀리 축제

홀리 축제는 인도에서 가장 오래된 민속 축제로 봄을 맞이하는 의미로 2일 동안 열려요. 축제 전날에는 '홀리카'라는 힌두교 신화 속 마녀를 짚으로 만들어 불태워 나쁜 걸 다 몰아내는 의식을 치러요. 다음 날에는 엄격한 신분 제도도 잊고 서로 덕담을 나누며 색깔이 있는 물과 가루를 뿌리며 논답니다.

인도의 신분 제도, 카스트 제도

카스트는 포르투갈 말로 '가문'이라는 뜻이에요. 인도의 카스트 제도는 신화에 뿌리를 두고 있을 만큼 오래되었어요. 인도의 신분은 직업에 따라 크게 4가지로 나누어져요. 종교적 일을 담당하는 '브라만', 정치와 군대의 일을 담당하는 '크샤트리아', 상업과 농업을 담당하는 '바이샤', 앞의 세 계급의 시중을 드는 노예 '수드라'예요. 또한 이 4개의 신분에 들지 못하는 '불가촉천민'들도 있었어요. 처음에 이 제도는 단순히 직업을 구별하는 제도였지만, 시간이 지나면서 직업에 따라 사람을 차별하는 제도로 변질되고 말았어요. 1947년 인도는 정부를 수립하며 헌법에 '카스트 제도로 사람을 차별해서는 안 된다'라고 적었지만, 법적으로 이 제도를 없앤다는 선언을 한 적이 없다는 것을 꼬집는 사람들도 많아요. 자신보다 낮은 신분의 사람이 준 물이나 음식을 먹지 않을 정도로 불평등한 이 카스트 제도는 아직도 여전히 사람들을 차별하는 이유가 되고 있답니다.

사자와 정원의 도시, 싱가포르

다른곳 8

35 Day
사자와 정원의 도시
싱가포르

말레이반도에 있는 싱가포르 공화국은 63개의 섬이 모여 있는 섬나라로 옛날부터 해양 통로로 유명했답니다. 국토 면적은 서울과 비슷할 정도로 작아요. 싱가포르 공화국의 수도는 싱가포르인데 '사자의 도시'라는 뜻이랍니다. 또 싱가포르에는 가로수와 공원이 많아서 '정원의 도시'라고도 부른답니다.

읽으면서 찾아보아요

- 싱가포르의 상징으로 사자와 인어를 합해 놓은 동물은 무엇인가요?
- 언더워터 월드에서 사는 멸종 위기에 놓인 거북이 두 가지는 무엇인가요?

싱가포르의 상징, 머라이언

싱가포르에서는 사자의 머리와 물고기의 몸을 가진 머라이언 상을 곳곳에서 볼 수 있어요. 머라이언은 사자(Lion)와 물고기 몸을 가진 인어(Mermaid)의 합성어랍니다. 머라이언은 1964년 싱가포르 광관청에서 만들었는데, 그 이후 싱가포르의 대표적인 상징이 되었어요. 지역의 특징을 잘 살린 로고 하나가 엄청난 관광 효과를 가져온 셈이죠. 머라이언 동상은 낮에는 늠름한 수사자 모습이지만, 밤에는 조명을 받아 부드러운 암사자의 모습처럼 보인다고 해요.

싱가포르의 명동, 오차드 로드

다양한 문화가 어우러져 있는 싱가포르는 환상적인 밤 풍경과 함께 쇼핑의 도시로 많이 알려져 있어요. 특히 오차드 로드는 필요한 물건 대부분을 한곳에서 살 수 있다고 해요. 북쪽의 탕린 거리에서부터 브라스 바사 거리까지 이어지는 오차드 로드에는 수십 개의 유명 쇼핑몰과 300여 개의 상점이 모여 있다니, 쇼핑의 천국이라 할 수 있겠지요? 특히 탕린이라는 쇼핑센터는 골동품으로 유명해요. 오차드 로드에는 외국 사람들이 많이 찾아와서 세계 여러 나라의 언어를 들을 수 있어요.

● 세계에서 가장 큰 새 공원, 주롱버드파크

1971년에 문을 연 주롱버드파크는 400여 종의 약 3,500마리의 새들이 사는, 세계에서 가장 큰 새 공원이에요. 이 공원에서는 말레이얀 블랙 코뿔소와 12줄 극락조를 세계 최초로 사육에 성공해서 미국 새 협회에서 사육자상도 받았어요. 원형 극장에서 새들이 벌이는 쇼도 세계적으로도 유명하답니다. 공원 전체를 친환경적으로 만들어서 많은 사람의 휴식처가 되고 있는 것은 물론, 50개 이상의 야생 동물 보호 프로젝트도 지원하고 있답니다.

● 센토사섬과 해양수족관 언더워터월드

싱가포르 본섬에서 남쪽으로 약 800m 떨어진 곳에는 인공섬인 센토사섬이 있어요. 센토사섬은 1970년대까지 영국의 군사기지였다가 그 이후 싱가포르 정부의 지원으로 관광단지가 조성되었어요. 이곳에 테마파크인 유니버설 스튜디오 싱가포르, 바닥이 움직이는 83m의 터널이 있는 해양수족관 등이 있지요.

해양수족관인 언더워터월드에서는 해마, 해룡, 피라니아, 듀공과 같은 특이한 바다 생물을 볼 수 있어요. 특히 바다거북 수족관에서는 멸종 위기에 놓인 푸른바다거북과 매부리바다거북을 만날 수 있답니다.

● 법을 어기면 무조건 벌금!

싱가포르는 다른 나라보다 굉장히 엄격한 법을 갖고 있어요. 특히 여러 가지 기초 질서를 지키지 않는 사람들에게는 벌금을 물리고 심한 경우 태형(때리는 형벌)을 내리기도 한답니다. 길에 쓰레기를 버리면 횟수에 따라 최고 140만 원까지 벌금을 내거나 '나는 쓰레기를 버리는 잘못을 저질렀습니다'라고 쓰인 옷을 입고 거리를 청소하는 벌을 받기도 한대요. 침 뱉기, 길에서 오줌 누기, 화장실에서 물을 내리지 않는 것, 새들에게 먹이를 주는 것 등의 잘못을 해도 벌금을 내야 해요. 이것은 싱가포르 국민뿐만 아니라 외국 사람에게도 똑같이 적용된답니다. 운전하면서 휴대전화를 사용하는 것을 금지하는 법도 싱가포르가 맨 처음 만들었어요. 친환경 정책을 펼치며 국민에게 깨끗하고 질서 있는 생활을 강요하다 보니 엄격한 법을 만들게 되었다고 합니다.

여러 민족이 모여 있는 싱가포르 공화국

싱가포르 공화국은 여러 민족의 문화가 함께 있는 것이 특징인 국가예요. 중국인 약 77%, 말레이인 약 14%, 인도인 약 8%, 기타 여러 민족으로 이루어져 있답니다. 많은 수를 차지하고 있는 중국 사람들도 태어난 지역마다 서로 다른 문화를 가지고 있어요. 특히 여러 나라 사람들이 살면서 만드는 음식의 향연은 싱가포르를 미식 관광(맛있는 음식을 먹으러 여행 다니는 것)의 대표국가로 만들어 주었어요.

싱가포르는 작은 섬나라 국가지만 동남아시아 최고의 부국이며 세계 경제의 중심지 가운데 하나예요. 사회 규칙이 엄격해서 민족 간의 불만이 잘 드러나지 않으며, 이런 힘으로 빠르게 경제가 성장해서 아시아의 중요한 경제도시로 발돋움했지요. 다만, 언론이 자유롭지 않아서 싱가포르를 비난하는 내용들은 철저히 통제한다고 하네요.

슬픈 역사의 도시, 하노이

다른 곳 8

36 Day
슬픈 역사의 도시 하노이

베트남은 인도차이나 반도의 동부에 길게 뻗은 나라예요. 북쪽 송꼬이강의 삼각주 지역에 있는 하노이는 베트남의 수도이지요. 1010년 리 왕조의 리타이 토에 의해 수도로 정해졌어요. 중국과 프랑스, 미국 등 20세기 말엽까지 끊임없이 외세의 간섭을 받은 탓으로 동양과 서양의 문화가 공존하고 있답니다.

읽으면서 찾아보아요
- 베트남의 전통 의상인 아오자이는 1976년 어떤 이유로 금지되었나요?
- 하노이의 교통수단인 오토바이 택시의 이름은 무엇인가요?

● 괴로움과 고통의 역사, 호아로 수용소

호아로 수용소는 인도차이나에서 가장 큰 프랑스 식민지 감옥 중 하나예요. 19세기 말, 프랑스 식민 정부가 독립 투쟁을 하는 베트남 사람들을 가두고 고문

했던 역사의 현장이지요. 500여 명을 수감할 수 있는 공간에 2,000명 이상의 사람들을 가두기도 했다니 정말 비극적인 일이지요. 현재는 이 수용소를 박물관으로 사용하고 있는데, 박물관 내부에는 감옥과 고문 기구, 희생된 사람들의 사진이 전시되어 있어요.

단아한 아름다움을 지닌 아오자이

아오자이는 베트남의 전통 의상이에요. 품이 넉넉한 바지와 긴 윗도리로 이루어진 아오자이는 양 옆이 길게 트이고, 둥글고 높은 깃 모양이 특징이에요. 유행에 따라 깃의 높이 달라지고 옷감의 무늬나 빛깔도 다양하지요. 바지는 바람이 잘 통하는 천으로 만드는데, 주로 흰색이랍니다. 1976년 사회주의 정부가 노동하는 게 불편하다는 이유로 금지시키기도 했지만 1986년 금지령이 풀렸고, 지금은 각종 행사나 교복, 제복 등으로 많이 입는답니다.

야자나무의 시원함이 담긴 논라

논라는 대나무와 야자나무 잎으로 만든 베트남 전통 모자예요. 베트남 말로 '논'은 모자, '라'는 나뭇잎이라는 뜻이죠. 아주 오래전부터 사용한 논라는 비가 올 때는 우산으로, 햇

빛 아래에서는 양산으로, 더울 때는 부채로도 쓸 수 있는 아주 편리한 모자랍니다.

● 역사와 낭만의 상징, 포꼬

포꼬는 '옛 거리'라는 뜻으로 아주 오래전부터 시장을 형성하며 사람들이 살아온 하

노이의 전통 거리예요. 36개의 작은 거리에는 옛날에 은을 팔던 '항박', 설탕을 팔던 '항드엉', 종이를 팔던 '항마' 등의 이름이 붙어 있고 지금도 다양한 물건을 파는 활기찬 곳이랍니다.

오토바이 택시, 세옴

하노이에는 '세옴'이라는 오토바이 택시가 있어요. 자전거 택시인 '시클로'는 관광 상품으로 남아 있는 반면, 세옴은 여전히 많은 사람들이 이용하는 택시예요. 자동차 택시보다 싸고 신속하게 이동할 수 있어서 많은 사람들이 이용하고 있지요. 정해진 가격은 없어서 타기 전에 운전수와 반드시 요금을 흥정해야만 한답니다. 그래서 베트남 말을 모르는 외국인들은 잘 이용하지 않는대요.

 베트남의 영웅 호찌민의 묘

1969년에 사망한 호찌민은 베트남의 혁명가이자 초대 대통령이었답니다. 프랑스와 일본의 식민지였던 베트남을 독립시키기 위해 평생 결혼도 하지 않고 독립운동을 했어요. 그래서 베트남 국민들은 호찌민에 대한 존경의 뜻으로 사이공시의 이름을 호찌민시로 바꾸기까지 했어요. 그는 자신이 죽으면 화장해서 그 재를 삼등분하여 베트남의 북부, 중부, 남부에 뿌려달라고 했어요. 하지만 국민들은 그의 시신을 방부 처리해서 살아생전의 모습 그대로 묘소에 안치했다고 했답니다.

세계를 눈물짓게 한 베트남 전쟁

베트남 전쟁은 제2차 세계 대전 이후 가장 큰 전쟁 가운데 하나였습니다. 1954년에 프랑스로부터 독립을 얻어 낸 베트남은 이념 갈등 때문에 우리나라처럼 남북으로 갈라졌어요. 북베트남은 중국과 소련의 지지를 받는 베트남 공산당이, 남베트남은 국민투표로 선출된 응오딘지엠 대통령 중심의 베트남 민주공화국이 세워졌지요. 하지만 남베트남은 종교탄압과 독재, 부정부패로 국민의 신임을 잃어갔어요. 남과 북이 서로 싸우고 있는 동안 정치적으로 불안했던 남베트남이 공산주의 국가가 될까 두려웠던 미국은 작은 무력 충돌을 빌미로 1964년 북베트남에 선전 포고를 하고 베트남 전쟁을 시작했어요. 이 전쟁은 1973년까지 이어졌고, 베트남의 주변국인 캄보디아와 라오스에까지 번지고 말았어요. 세계적인 전쟁 반대 여론으로 미군과 연합군은 철수했지만, 1975년 사이공시(지금의 호찌민시)가 북베트남에 완전히 함락되기 전까지 싸움은 계속되었지요. 베트남 전쟁은 약 120만 명이 사망하고 300만 명이 부상을 당한 비극적인 전쟁이었답니다.

필리핀 제1의 도시, 마닐라
다른 곳 8

37 Day
필리핀 제1의 도시
마닐라

필리핀은 지구에서 가장 넓은 바다인 태평양에 있는 나라예요. 적도 근처에 있어서 몹시 더운 곳이지요. 그리고 세계에서 가장 섬이 많은 나라이기도 해요. 얼마나 많냐고요? 놀라지 마세요. 무려 7,107개의 섬으로 이루어져 있답니다. 그래서일까요? 필리핀 사람들은 아주 옛날부터 바다 위에 집을 짓고 살았답니다.

읽으면서 찾아보아요

- 필리핀의 수도는 어디인가요?
- 세부에 처음 도착한 서양인은 어느 나라 사람이었나요?
- 초콜릿 언덕이 있는 섬은 어디인가요?
- 세계에서 가장 작은 원숭이는 무엇인가요?

메트로 마닐라의 중심, 마닐라시

일반적으로 마닐라라 부르는 곳은 '메트로 마닐라'를 지칭해요. 메트로 마닐라는 '필리핀의 국가 수도 지역'이라는 의미로 16개의 시와 1개의 자치시로 구성되어 있어요. 서울에 25개의 구가 있는 것과 비슷하지요. 마닐라는 메트로 마닐라의 중심 도시이며 필리핀의 공식적인 수도랍니다.

 나무로 지은 수상 가옥

수상 가옥은 대부분 나무로 짓는답니다. 겉으로 보기에 돌이나 대리석으로 지은 것 같은 수상 가옥들도 바닷속에 나무로 버팀목을 세우고 그 위에 건축을 한 거예요. 그러니 물속에서도 잘 썩지 않는 나무로 지어야 물 위의 집들이 오래 견디겠죠? 바닷물은 강철도 금방 녹슬게 하니 오히려 철이 아닌 나무로 집을 지은 옛사람들의 지혜가 엿보이는 집이랍니다.

마젤란이 처음 발을 디딘 곳, 세부

필리핀의 역사를 느낄 수 있는 또 다른 도시는 '세부'예요. 이곳은 포르투갈의 탐험가 마젤란이 세계 최초로 지구를 한 바퀴 돌면서 항해할 때, 태평양을 건너 처음 발을 디딘 곳이었어요. 끝도 없을 것 같던 태평양을 건너 드디어 육지를 만났을 때 마젤란이 얼마나 기뻐했을지 상상해 보세요.

세부에는 1521년 마젤란이 도착해 이곳에 꽂았던 십자가가 아직도 남아 있답니다. 세부는 마젤란이 도착한 후 스페인의 지배를 받았는데, 1565년에 수도를 마닐라로 옮기기 전까지 필리핀의 수도였어요. '필리핀'이라는 이름은 스페인 탐험가인 루이 로페스 데 비얄로보스가 스페인 왕세자였던 펠리페 2세를 기려 붙인 이름이에요. 필리핀이 스페인의 영향을 많이 받았다는 사실을 나라 이름에서도 알 수 있지요.

거인들이 던져 놓은 흙더미, 초콜릿 언덕

필리핀을 이루고 있는 7,107개의 섬 가운데 10번째로 큰 보홀 섬에는 1,270여 개의 초콜릿 언덕이 있답니다. 마치 거대한 무덤들이 따닥따닥 붙어 있는 듯한 초콜릿 언덕은 바닷속에 쌓여 있던 산호섬들이 솟아오르며 생긴 낮은 언덕들이에요. 언덕의 녹색 풀이 건기에는 메말라서 초콜릿 색으로 보인다고 해서 붙여진 이름이에요. 전설에 의하면, 아주 오랜 옛날에 두 명의 거인이 돌과 흙더미를 던지며 싸우다 화해하고 돌아갔는데, 초콜릿 언덕은 그때 거인들이 던졌던 흙더미라고 해요. 하지만 이 산호섬들이 언제, 왜 솟아올랐는지는 아무도 모른답니다.

세계에서 가장 작은 원숭이, 안경원숭이

원숭이의 종류는 굉장히 다양하답니다. 그중 인도네시아와 말레이시아, 필리핀 등지에는 아주 독특한 원숭이가 있어요. 바로 안경원숭이랍니다. 필리핀 보홀섬에 사는 안경원숭이는 몸길이가 10cm 정도밖에 되지 않는, 세계에서 가장 작은 원숭이랍니다. 안경원숭이는 주로 밤에 활동하는 야행성이라서 눈이 얼굴의 반이나 차지할 정도로 크게 발달했어요. 이 크고 동그란 눈 때문에 '안경원숭이'라는 이름이 생겼지요. 필리핀의 안경원숭이는 멸종위기동물로 지정되어 보호받고 있답니다.

수상 가옥은 어떻게 생겨났을까?

수상 가옥은 바다 위에서 이곳저곳으로 이동하며 살아가는 바다의 유목 민족들이 해안가에 정박해 놓았던 배가 집으로 변한 것이랍니다. 물론 지금도 배에서 사는 사람들이 있어요. 하지만 지금의 수상 가옥은 배의 모습이라기보다 수면 위에 떠 있는 집에 가까워요. 언젠가부터 얕은 해안가의 진흙 위에 말뚝을 박고 그 위에 집을 올려 지었거든요. 그곳에서 사는 사람들은 세수하고, 목욕하고, 빨래하고, 대소변을 보는 등과 같은 일을 모두 집 주변의 물로 해결한답니다. 물이 잘 흐르는 곳에 사는 사람들은 괜찮지만, 호수처럼 물의 흐름이 느린 곳에 사는 사람들은 위생상 좋지 않겠죠?

아름다운 항구 도시, 시드니

다른곳 8

38 Day
아름다운 항구 도시 시드니

오세아니아 남태평양과 인도양 사이에 있는 오스트레일리아는 호주라고도 불러요. 시드니는 호주에서 가장 크고 오래된 도시로, 호주에서 가장 많은 사람이 사는 도시랍니다. 2000년에는 올림픽이 개최되어 세계적인 도시로 거듭났지요. 호주는 제국주의 시기에 영국의 식민지였다가 1901년에 주권을 확립한 연방국이랍니다.

읽으면서 찾아보아요

- 오페라하우스를 설계한 건축가는 누구인가요?
- 코알라가 좋아하는 먹이는 무엇인가요?
- 하버브리지의 별명은 무엇인가요?

시드니의 상징, 시드니 오페라하우스

시드니 오페라하우스는 덴마크 사람인 예른 웃손이 건축한 대형 콘서트홀로 1959년 공사를 시작하여 1973년 완성되었어요. 예른 웃손이 오렌지 껍질을 벗기던 중에 영감을 얻어 디자인했다고 해요. 14년이라는 짧지 않은 기간에 걸쳐 만든 오페라하우스는 6개의 크고 작은 공연장과 1,000여 개의 공간이 있어요. 총 5,600명 이상의 관람객이 들어갈 수 있는 엄청난 규모랍니다. 이곳은 건축 형태와 설계의 모든 면에 창의적이고 혁신적인 방법을 결합하여 '20세기 건축물의 걸작'이라고 불려요. 특히 시드니 항구 쪽으로 돌출된 반도의 끝에 뛰어난 해안 경관을 배경으로 세워져 이후로 세계의 건축에 많은 영향을 끼쳤답니다.

던지면 되돌아오는 신기한 부메랑

부메랑 놀이를 해 본 적이 있나요? 던지면 큰 원을 그리며 던진 사람에게 다시 돌아오는 부메랑은 원래 호주 원주민의 사냥 도구였어요. 사냥할 때 목표물을 맞히면 다시 돌아오지 않아요. 활등처럼 굽은 모양으로 길이가 30~80cm이고, 양 끝이 70~120도 벌어진 나무 막대기예요. 아무런 장애물이 없으면 최대 90~200m까지 날아가고 몇 번이나 회전하는 것도 있어요.

 호주의 마스코트, 코알라

코알라는 호주의 대표적인 동물이에요. 호주에서는 '네이티브 베어(Native Bear)'라고 부른답니다. 유칼립투스의 잎을 먹고 사는 코알라는 주로 나무 위에서 살아요. 코알라의 네 발에는 사람과 같은 지문이 있어서 물건을 잡아 줄 수 있답니다. 털은 부드럽고 길어서 옛날에는 코알라 털로 모피를 만들

기도 했대요. 옛날에 비해 코알라의 숫자가 많이 줄어서 호주 정부에서 법으로 보호하고 있는 동물이에요.

호주의 원주민, 애버리지니

호주에는 유럽인의 이주 이전부터 살았던 최초의 종족이 있어요. 이 원주민들을 '애버리지니(Aborigine)'라고 불러요. 애버리지니가 어떻게 대륙에서 멀리 떨어진 호주에 오게 됐는지는 알려지지 않았어요. 다만 그들이 4만~7만 년 전쯤부터 호주에 살기 시작했을 것으로 추정한답니다. 커다란 문명을 이루진 않았지만, 정교한 도구를 사용했던 것으로 알려져 있어요. 하지만 영국이 호주를 점령하면서 원주민의 자유와 평화를 빼앗기 시작했어요. 지금도 인종 차별과 가난 속에 힘든 생활을 하고 있지만, 불평등에 대한 의식이 높아지고 있어 조금씩 그들의 권리를 찾아가고 있어요.

특별한 축제, 마디그라

마디그라는 '참회의 화요일'이라는 뜻의 프랑스말로, 1978년 시드니 옥스퍼드 거리에서 하이드파크까지 이어진 동성애자들의 행진에서 시작된 축제예요. 처음에는 53명이나 체포하며 소란스러웠지만, 지금은 1만 2천여 명의 참가자와 50만 명의 관광객들이 몰려드는 세계적인 축제가 되었답니다.

무지개 모양의 다리, 하버브리지

하버브리지는 무지개 모양으로 생긴 다리 중 세계에서 네 번째로 긴 다리예요. 오페라하우스와 함께 시드니 항구의 상징이지요. 생긴 것이 마치 옷걸이를 닮아서 '낡은 옷걸이'라는 별명을 갖고 있답니다.

호주의 희귀 동물들

호주는 1억 6천만 년 전 대륙으로부터 떨어져 나와 남극으로 밀려 내려간 땅이에요. 지리학자들에 의하면 바닷길을 따라 흘러 내려가다 빙하 지대에 부딪혀 지금의 자리에 고정된 것이라고 해요. 대륙과 떨어져 있는 지리적 특성 때문에 호주의 동물들은 오랫동안 아무런 영향도 받지 않고 살아왔어요. 그래서 옛 모습을 그대로 유지하고 있는 희귀종들이 많답니다. 호주를 상징하는 동물인 캥거루 외에도 코알라, 태즈매니아 데블, 오리너구리 등은 호주에서만 사는 동물이에요. 현재 호주에는 약 20~30만 종에 달하는 다양한 동물들이 살고 있어요. 이 중 배에 새끼주머니를 가진 동물들의 비율이 다른 대륙에 비해 높은 것이 특징이랍니다.

철도·항공·해운의 도시, 오클랜드

다른 곳 7

39 Day
철도·항공·해운의 도시 오클랜드

캘리포니아 주 서부, 샌프란시스코 만의 동쪽에 위치하고 있는 오클랜드는 뉴질랜드의 대문이에요. 국제선 비행기들은 대부분 오클랜드로 향하기 때문에 뉴질랜드 방문객들은 오클랜드를 가장 먼저 만나게 된답니다.
1841년에 뉴질랜드의 수도가 되었지만, 수도는 국토의 중앙에 위치해야 한다는 의회에서의 오랜 논쟁 끝에 1865년에 국토의 중앙에 가까이 위치한 웰링턴이 뉴질랜드의 수도가 되었지요.

읽으면서 찾아보아요
- 스카이 타워를 설계한 건축가는 누구인가요?
- 1840년 뉴질랜드를 영국의 식민지로 만든 조약은 무엇인가요?

뉴질랜드 원주민, 마오리족

뉴질랜드 인구의 대부분은 유럽계 서양인인데, 가장 많은 소수민족이 바로 마오리족이에요. 마오리족은 뉴질랜드 전체 인구의 약 8%를 차지하고 있지요. 마오리족은 원래 '태평양의 바이킹'이라 불리던 폴리네시아계 종족이었는데, 뉴질랜드에 정착해 살게 되었어요. 다른 나라의 원주민들은 몰살을 당하거나 심한 차별을 받고 있지만, 마오리족은 그나마 백인들과 평화롭게 어울려 살고 있어요. 하지만 대부분 가난하고 교육 수준이 낮은 하층민으로 살고 있어 마오리족의 권익과 정체성을 찾고자 하는 노력이 늘고 있어요.

세계적인 요트의 천국

오클랜드 시민들은 세계에서 요트를 가장 많이 갖고 있대요. 하우라키만의 수많은 섬이 오클랜드를 빙 둘러서 있어 요트 항해를 즐기기에 딱 좋지요. 항구에 정박한 요트의 행렬은 많은 사람에게 항해의 낭만을 불러일으킨답니다. 오클랜드에서는 130여 개나 되는 크고 작은 요크 클럽과 각종 국제 요트 대회가 열린답니다. 그러니 오클랜드를 '요트의 도시'라고 부를 만하죠?

오클랜드의 랜드마크, 스카이 타워
스카이 타워는 카지노가 있는 복합 레저 공간이자 도심 전망대예요. 건축가 고든 몰러가 2년 9개월의 공사 기간을 거쳐 완공했어요. 높이 328m, 60층으로 뉴질랜드에서 가장 높은 건물이에요. 고든 몰러는 처음에는 미래지향적으로 알루미늄으로 타워의 겉을 감싸려고 했으나, 관리의 문제를 들어 매끄러운 콘크리트를 사용해 마무리했대요. 건물은 안전을 최우선으로 내진, 내풍, 화재 등에 대비해 최첨단의 기술로 지

어졌어요. 전망대에 올라가면 오클랜드시의 전역을 내려다볼 수 있답니다.

온몸에 새기는 문신, 모코

마오리족은 온몸에 문신을 새기는 것이 특징인데, 이 문신을 '모코'라고 불러요. 마오리족에게 모코는 자부심의 상징이었어요. 신분과 계급이 높을수록 머리끝에서 발끝까지 문신을 했지요. 문신은 평소에는 신분의 높고 낮음을 나타내기 위해, 전쟁 때에는 적에게 우월감을 표현하기 위해 시작되었을 거라고 보고 있답니다.

마오리족은 가족 단위로 공동생활을 해왔기 때문에 자신의 가족, 부족, 신분, 정체성 등을 표시하는 것은 매우 중요한 일이었어요. 마오리족의 모코는 조상이나 부족, 가족에 대한 이야기 또는 전쟁에서 쌓은 공적이나 사건 등을 담고 있답니다. 이런 면에서 모코의 예술적, 역사적 가치는 높이 평가받고 있어요.

전쟁의 춤에서 평화의 춤으로, 하카 댄스

마오리족의 춤은 크게 세 가지로 나눠져요. 여자들끼리 추는 '포이 댄스'와 막대기를 들고 추는 춤인 '스틱 댄스', 혀를 내밀며 과격하고 절도 있게 추는 '하카 댄스'랍니다. 이 중에서 하카 댄스가 가장 널리 알려져 있어요. 하카 댄스는 원래 다른 부족과 전쟁할 때 적들을 위협하고 공포감을 주기 위해 추는 춤이었어요. 하지만 지금은 뉴질랜드를 대표하는 문화 예술 중 하나랍니다. 전쟁을 위한 춤이 뉴질랜드를 대표하여 평화와 기쁨을 주는 문화 사절단이 된 거지요.

마오리족의 평화 찾기

1840년 2월, 윌리엄 홉슨 총독 대리와 몇몇 영국인, 그리고 마오리족의 추장들이 모여 하나의 문서에 서명을 했어요. 바로 '와이탕기 조약'이에요. 이 문서는 마오리족이 그들의 땅과 다른 소유물에 대한 소유권을 보장받는 대신 빅토리아 여왕의 통치권을 인정하겠다는 내용이었어요. 결국 이 문서는 뉴질랜드의 건국 문서가 되었고, 뉴질랜드는 영국의 식민지가 되었지요.

영국은 원주민인 마오리족을 지켜주겠다고 약속했지만, 그 약속은 잘 지켜지지 않았어요. 화가 난 마오리족은 폭압적인 영국 군인들에 맞서 1845년부터 1872년까지 큰 전쟁을 벌였어요. 결국 마오리족은 백인과 차별하지 않고 동등하게 대우하겠다는 약속을 받아 냈지요. 아직도 마오리족에 대한 차별이 없어지진 않았지만, 그 이후로도 마오리족은 정치활동에 적극적으로 참여하고, 그들의 언어와 문화를 잃지 않으려고 끊임없이 노력하고 있어요.

얼음의 땅, 남극대륙 다른곳 8

40 Day
얼음의 땅 남극대륙

1820년, 전설 속에만 있다고 믿었던 땅을 발견했어요. 그곳은 바로 지구의 가장 남쪽에 있는 남극대륙이었지요. 남극은 지구상 육지 표면적의 9.3%에 해당하는, 유럽 대륙보다 더 넓은 땅이에요. 이 땅은 대부분 얼음과 눈으로 뒤덮여 있는데, 이 땅을 덮고 있는 얼음은 지구에 있는 얼음의 90%를 차지한답니다. 남극에는 사람이 살고 있지 않아요. 대신 세계의 많은 학자와 탐험가가 남극의 비밀을 밝히려고 남극을 찾고 있답니다.

읽으면서 찾아보아요
- 세종 기지가 있는 섬의 이름은 무엇인가요?
- 곤드와나 대륙은 지금의 어떤 대륙이 합쳐져 있던 것인가요?

한국의 남극 과학 기지, 세종과학기지

우리나라는 1970년대 말부터 남극해에서 크릴 등을 잡으면서 남극에 관심을 갖기 시작했어요. 그래서 1986년 남극의 평화와 자연을 지키며 활동하자는 남극 조약에 가입했지요. 그 후 1987년 12월에 사우스셰틀랜드 군도 가운데 가장 큰 섬인 킹조지섬의 바턴반도 해안가에 세종 기지를 짓기 시작해 1988년 2월에 완공했어요. 세종 기지는 추운 남극에서도 각종 자연현상을 관측하고 연구할 수 있는 과학 기지로 1년 내내 사람이 머무를 수 있어요. 우리나라 과학자들은 이곳에서 꾸준히 연구한 결과, 기지를 세운 지 12년 만에 남극과학연구위원회의 정식 회원이 되기도 했답니다. 그렇다면 북극에도 우리나라 과학 기지가 있을까요? 물론 있어요. 북극에는 '다산 기지'가 있어요. 우리 과학자들은 매서운 추위 속에서도 자연의 비밀을 밝혀내려고 남극과 북극에서 열심히 연구하고 있답니다.

 땅에서는 뒤뚱뒤뚱, 물속에서는 날쌘 펭귄

펭귄은 남극의 대표적인 동물이에요. 날지 못하는 바닷새인 펭귄은 몹시 추운 곳  에서도 살아갈 수 있지요. 펭귄은 지구 남반구에서만 사는데, 갈라파고스펭귄은 적도 근처에서, 아델리펭귄은 남극에서 산답니다. 펭귄의 털은 두껍고 물에 쉽게 젖지 않아요. 펭귄의 날개는 매우 작아 하늘을 날 수는 없지만, 물속에서 지느러미 역할을 한답니다. 이 날개 덕분에 펭귄은 물속에서 시속 48km까지 속도를 낼 수 있어요.

너무 다른 남극과 북극

지구의 가장 북쪽에 있는 북극은 남극과 거리가 먼 만큼 서로 매우 달라요. 남극은 대륙이지만, 북극은 바닷물이 얼어서 생긴 얼음덩어리로 이루어졌지요. 그래서 남극은 '남극 대륙'이라고 부르지만, 북극은 '북극해'라고 부른답니다. 남극은 북극보다 훨씬 더 추워요. 왜냐고요? 적도에서 데워진 바닷물이 북극해에는 닿을 수 있지만, 남극은 커다란 대륙이어서 열이 전해지지 않기 때문이지요.

폭풍의 황제 블리자드

'블리자드'란 강한 바람과 함께 눈보라가 치는 폭풍을 일컫는 말이에요. 바람의 속도가 초당 14m 이상인 거센 폭풍이지요. 남극에는 이렇게 무서운 블리자드가 자주 분다고 해요. 사람이 바람에 날아가고 건물이 눈에 파묻힐 정도의 힘을 갖고 있어요. 남극 대륙의 만년설 가까이에서는 엄청난 속도의 바람이 불기도 한다니, 역시 사람이 살기는 힘들겠지요?

5천 년 전의 이야기를 해주는 빙산

빙산은 빙하에서 떨어져 나와 바다를 떠도는 커다란 얼음덩어리예요. 남극과 북극에는 봄과 여름이 되면 빙산이 아주 많이 생겨요. 빙산은 바닷물이 아니라 물로 만들어져서 짜지 않답니다. 또 오랫동안 쌓인 물질을 다른 곳으로 운반하기도 하고, 지구 해수면의 높이를 조절하기도 해요. 빙산은 피아노 정도의 크기부터 10층 건물 정도의 크기까지 아주 다양하답니다.

하나였던 대륙, 곤드와나 대륙

지구는 아시아와 유럽, 북아메리카, 남아메리카, 아프리카, 오세아니아, 남극의 7개 대륙으로 이루어져 있어요. 하지만 아주 먼 옛날에는 하나의 대륙이었다고 해요. 19세기 후반 오스트리아 지리학자인 에두아르트 쥐스는 인도의 곤드와나라는 곳에서 연구하다가 고생대와 중생대에 만들어진 지층(땅 위에 다양한 성분이 오랫동안 쌓여 층을 이루고 있는 것)의 특성이 아주 멀리 떨어진 대륙에서도 똑같이 나타난다는 것을 발견했어요. 그는 떨어져 있는 대륙들이 사실 하나의 큰 대륙이었다고 주장하고, 고대에 있던 하나의 큰 대륙의 이름을 '곤드와나'라고 불렀어요. 그 뒤 1912년 독일의 기상학자인 알프레드 베게너가 대륙이 서쪽으로 이동한다는 '대륙 이동설'을 주장해서 곤드와나 대륙이 정말 있었다는 것을 확인했답니다.

정답

대한민국의 수도, 서울 _ 8p   8개

제1의 무역항, 부산 _ 12p   8개

세계적인 문화유산, 경주 _ 16p   8개

아름다운 화산섬, 제주도 _ 20p   7개

일본 문화의 중심지, 도쿄 _ 24p   8개

전통을 간직한 도시, 교토 _ 28p   8개

화산으로 형성된 지형, 구마모토 _ 32p   8개

온천과 사과의 지방, 아오모리 _ 36p   8개

환상적인 눈의 도시, 삿포로 _ 40p   9개

중국 역사의 중심지, 베이징 _ 44p   8개

쇼핑의 천국, 홍콩 _ 48p   8개

태양의 도시, 라싸 _ 52p   8개

타이완의 중심, 타이베이 _ 56p   8개   물과 사원의 도시, 방콕 _ 60p   8개

자유와 예술의 도시, 뉴욕 _ 64p   8개   영화 산업의 중심지, LA _ 68p   8개

카리브해의 진주, 아바나 _ 72p　　　　　　　　　8개

암호의 도시, 쿠스코 _ 76p　　　　　　　　　8개

사랑과 정열의 도시, 리우데자네이루 _ 80p　　8개

아프리카 최대 도시, 카이로 _ 84p　　　　　　8개

야생 동물의 천국, 나이로비 _ 88p 8개

신사의 도시, 런던 _ 92p 8개

이야기가 있는 도시, 에든버러 _ 96p 8개

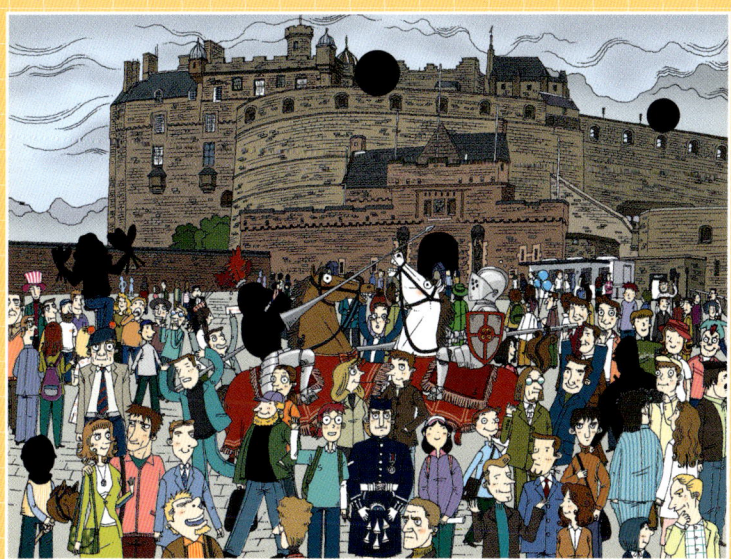

바다보다 낮은 도시, 암스테르담 _ 100p 8개

예술의 도시, 파리 _ 104p 8개

예술과 자연의 조화, 바르셀로나 _ 108p 8개

유럽의 관문, 프랑크푸르트 _ 112p 8개

낭만과 동화의 도시, 퓌센 _ 116p 8개

살아 있는 신화, 로마 _ 120p   8개

물과 가면의 도시, 베네치아 _ 124p   8개

동유럽의 문화 중심지, 프라하 _ 128p   8개

러시아의 심장, 모스크바 _ 132p   8개

역사와 문화의 도시, 이스탄불 _ 136p 8개

영원한 사랑의 도시, 아그라 _ 140p 8개

사자와 정원의 도시, 싱가포르 _ 144p 8개

슬픈 역사의 도시, 하노이 _ 148p 8개

필리핀 제1의 도시, 마닐라 _ 152p — 8개

아름다운 항구 도시, 시드니 _ 156p — 8개

철도·항공·해운의 도시, 오클랜드 _ 160p — 7개

얼음의 땅, 남극대륙 _ 164p — 8개